Historique des Sociétés de Sauvetage

par

ais

Journaux.

Officier d'Académie

SPECTEUR des POSTES de SECOURS

A. Flahaut

PARIS

H. GEFFROY, éditeur, 222, boulevard Saint-Germain

1904

HISTORIQUE

DES

SOCIÉTÉS DE SAUVETAGE

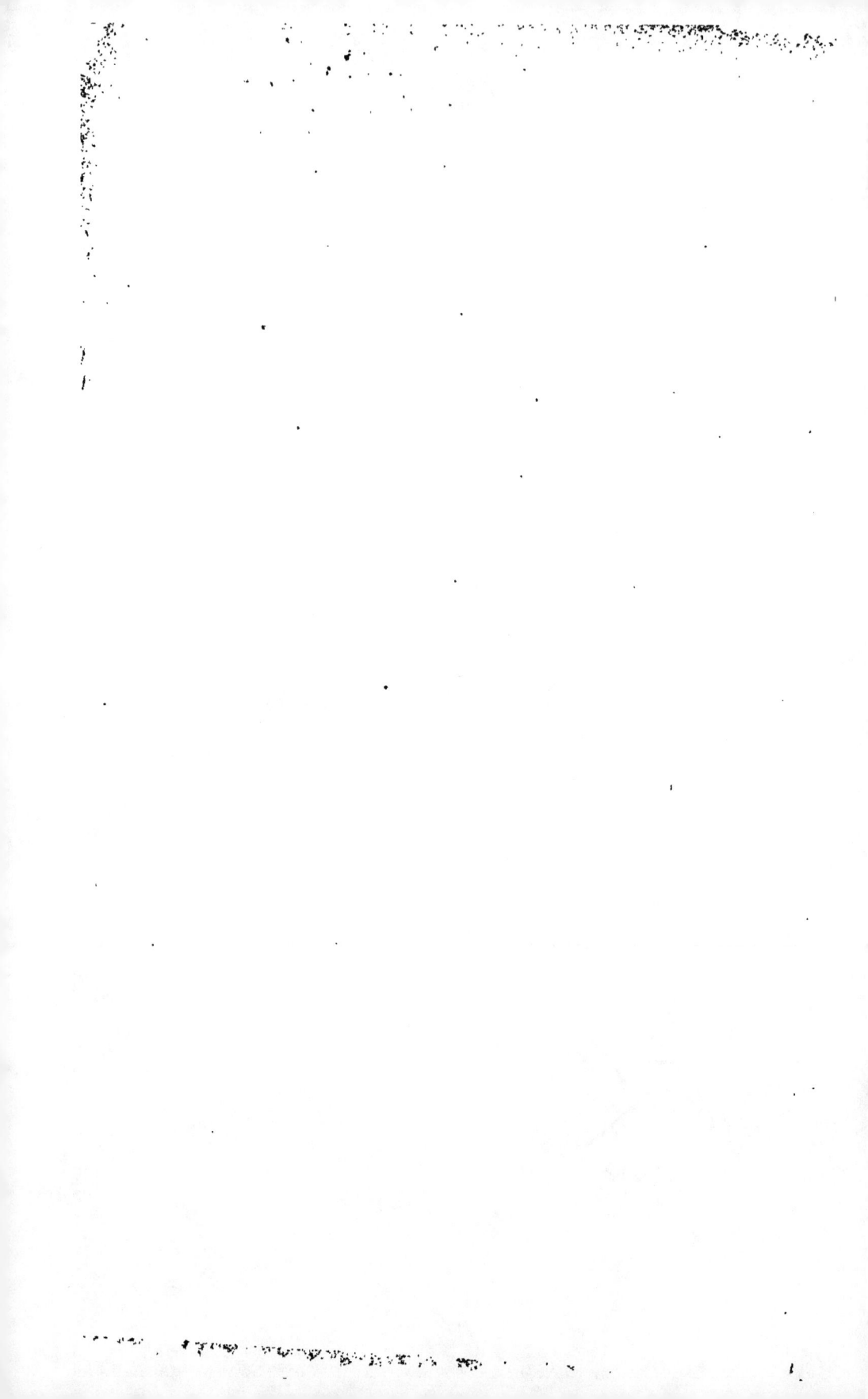

HISTORIQUE

DES

SOCIÉTÉS DE SAUVETAGE

A TRAVERS LES SIÈCLES

LEURS ORIGINES

PAR

LOUIS JOURNAUX

Officier d'Académie,
Inspecteur des postes de secours de la Société française de sauvetage

SCEAUX

IMPRIMERIE CHARAIRE

98-100, RUE HOUDAN, 98-100

MARS 1904

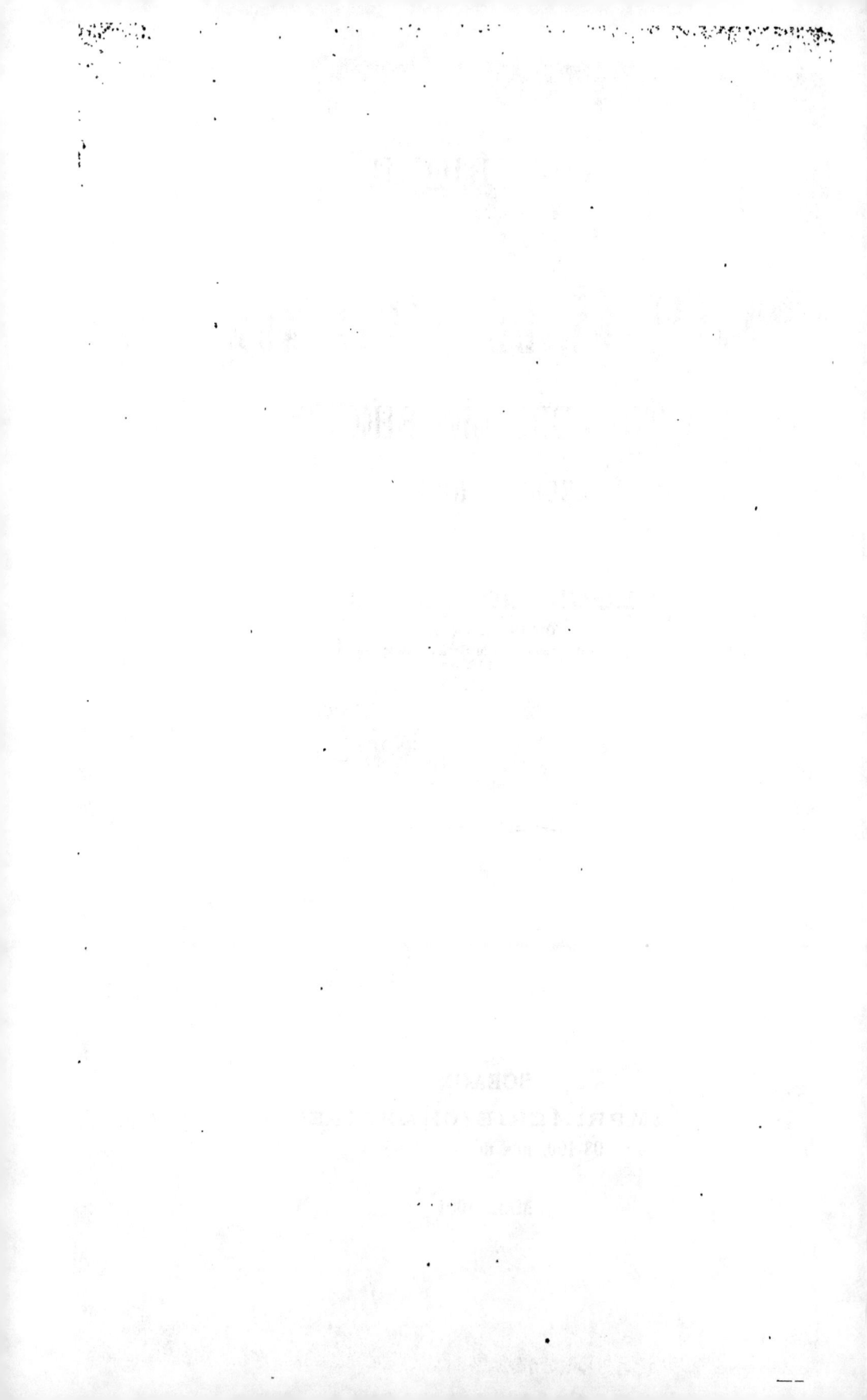

PRÉFACE

Ceux qui ont voyagé à l'étranger et parcouru l'Europe
ont la satisfaction de connaître la pensée de haute
estime que les peuples ont sur notre civilisation humanitaire. Cette gloire nous assure une place prépondérante
dans l'histoire des peuples, car l'organisme de notre
race a pu, à travers les siècles de tourmente, conserver
le précieux prestige de l'énergie, de l'abnégation et du
courage qui n'hésite pas, même devant la mort. Certaines
littératures contemporaines ont qualifié cet élan sublime
par le terme incolore de prompt enthousiasme; n'importe!
il sert la cause de la fraternité, qui n'est ni juive, ni
protestante, ni catholique, car ceux qui témoignent au
nom français si peu de confiance en proférant le cri
Finis Galliæ n'ont jamais vu cette mer qui monte en
grondant et qui dans sa furie se précipite sur la terre
pour anéantir la faiblesse humaine, ou ces phénix, nos
vaillants pompiers, attendant chaque jour la mort; puis
ces braves gardiens de la paix qui ont pour mot d'ordre
de se faire tuer pour la sûreté publique; sans oublier
ces hommes, les désintéressés sauveteurs, surgissant
chaque jour pour la préservation de leurs semblables.
Qu'importe la critique qui présente les actes et les
mœurs comme un spectre de décadence; ce cas patho-
logique est d'origine universelle et son atavisme est
commun à toutes les nations. Certaines ont allumé les
premières le phare qui a éclairé la terre, où le barba-

risme était vaincu par l'étendard de la fraternité qui a conquis le monde.

L'histoire antique a immortalisé ceux qui ont rendu des services à la nation, en les qualifiant de demi-dieux, qui est la traduction de ce nom de sauveteur qui signifie apôtre pratiquant la vraie loi de la religion universelle. A quoi sert de discourir sur la théologie, qui se résume en ces mots qui sont la base fondamentale qui doit unir tous les êtres humains en cette phrase dogmatique : Aimez-vous et secourez-vous les uns les autres. La fraternité nous unit, telle est la foi qui anime le cœur d'un vrai sauveteur. Car tous ceux qui ont défendu la cause humanitaire ou ont pris part à la révolte contre la tyrannie en ralliant les hommes à la loi commune, ont écrit ou combattu pour la liberté des peuples ou le bien social, sont les serviteurs de la cause du sauvetage.

HISTORIQUE

DES

SOCIÉTÉS DE SAUVETAGE

A TRAVERS LES SIÈCLES

CHAPITRE PREMIER

NOTICE A TRAVERS LES AGES

Ce groupement des quelques faits épars et réunis en ce volume, si restreints soient-ils dans leur faible lumière historique, révéleront à certains intéressés quelques événements qui exciteront la curiosité par cette petite description (*kosmos gonos*).

Dans sa marche ascendante, la civilisation a obligé les hommes à se grouper, quels que soient les préjugés ou la caste; une grande partie appartiennent à des sociétés diverses, ils se meuvent sous leurs lois sans avoir même connu leurs origines : tels sont les vétérans du sauvetage qui ont honoré notre Société sans savoir comment elle a été créée et quelles sont les bases et origines de sa constitution.

Il y a donc un grand intérêt à combler cette lacune pour nos jeunes sauveteurs de l'avenir. Avant d'entreprendre cette dissertation abrégée présentant les faits les plus essentiels à connaître : l'historique des éléments qui ont aidé à former le groupement et scellé l'existence de cette noble institution, puisque nous ne pouvons rien connaître, laissons au passé les milliers de siècles écoulés avant qu'un être humain ait inventé la coordination historique de la créature.

Sans vouloir faire d'ethnologie, il faut pourtant, dans l'incertitude, faire un peu de chronologie et rentrer au milieu des êtres en traçant d'un coup d'œil rapide leurs évolutions à travers les siècles ; alors, prenons comme point de départ l'origine de cette fable de la Genèse où il est dit : « *Deus creavit cœlum et terram sex dies, intra sex dies fecit hominem et mulierem.* »

Là s'arrête la pensée, laissant à la science le devoir de la contradiction, culte de la vérité. Traversons les âges préhistoriques où il n'y a rien à retenir pour le bien des hommes, parmi ces êtres hétéroclites de l'époque antique que seule l'Égypte nous représente dans ces fétiches laids, grossiers et matériels, affreuses caricatures que nous devons pourtant, avec un peu de raisonnement, admettre et respecter comme étant l'allégorie de l'espèce humaine. Ils furent nos premiers ancêtres, ces monstres bizarres que le grand Darwin, par modestie, a qualifiés de singes, mais ce sont nos grands-papas et nos bonnes vieilles grand'mères. Quelle grimace feraient nos jolies femmes d'aujourd'hui si la glace leur reflétait le visage de ces vieux aïeux, primitive effigie de nos ascendants.

Maintenant, parcourons ces siècles antiques à la recherche de quelque gloire cachée. Nous trouverons bien dans cette pléiade plus d'exemples qu'il ne sera possible de pouvoir en enregistrer. D'abord, qu'est-ce que le sauvetage, ce mot magique, cette spontanéité électrique secondée par la force, qui trouve sa commotion dans le cœur de certains êtres qui ressent la souffrance de celui qui est en danger ? Il semblerait, par ce titre de Société de Sauvetage, que cet acte soit une profession qui s'exerce par répercussion. Oui, c'est la répercussion du lien qui doit unir tous les hommes. Il y a bien des moyens de définir le sauvetage, celui qui s'opère d'une façon matérielle et, les plus nombreux, ceux qui se font par l'action du rôle purement moral, soutenu par la pensée dont l'action visuelle entrevoit tous les moyens pour sauver et protéger sauveteurs et victimes ; le plus souvent il est heureux que la pensée soit enveloppée comme dans un brouillard qui cache le gouffre aux yeux de celui qui s'élance ou bien qui, de sang-froid, se prépare à la mort qu'il n'aperçoit pas ou qu'il défie par sa volonté ou dans sa foi fanatisée par l'idéalisme d'une autre vie supérieure, ou comme cette phalange de pieux martyrs sacrifiant leur personne pour sauver l'humanité, scellant ainsi le pacte de la rançon des peuples voués au barbarisme ; c'est par milliers que se comptent les victimes. (*Quot victimæ. Tot stellæ.*)

Prenons au hasard ce qui a été arraché à la discrétion des temps anciens, ils nous révéleront, comme les premiers pionniers qui définirent l'exemple du courage et du dévouement, des êtres fiers et énergiques, un peu fous, soit, mais bravant la mort et les supplices horribles sans que leur volonté chancelât : ils donnaient leur existence pour protéger un peuple ou sauver une nation, ces êtres qui, pour apaiser et calmer la colère des dieux ou divinités infernales, faisaient le sacrifice de leur vie ou de celle de leurs enfants, croyant ainsi détourner le fléau ou les malheurs que le ciel infligeait à leur patrie ; ce sang qui coulait était offert dans une confiance aveugle et une résignation que la foi seule inspirait à ces fanatiques dans l'attente que les événements redevinssent favorables. Tel était ce dévouement barbare d'immoler des êtres humains pour détourner de la terre les calamités produites par les éléments.

Bien que cette lutte inintelligente se modifiât, l'homme conserva l'orgueil de payer de sa vie la gloire de sauver son semblable, d'arracher les libertés ou d'éclairer les peuples avec le flambeau de la science. Les uns, plus heureux, eurent le bonheur et la gloire de sauver les peuples par leur prévoyance, tel le jeune Joseph vendu comme esclave, l'an 2089 avant Jésus-Christ, qui, devenant par la suite gouverneur de l'Égypte, sauve cette nation d'une atroce famine ; et le grand législateur Moïse, ne se dévoua-t-il pas par son talent oratoire, sa tenace persévérance, à faire

sortir d'Égypte et sauver la tribu d'Israël, esclave et per-
sécutée sous la domination des Pharaons. Puis cette
héroïque femme Judith, 659 avant Jésus-Christ, ne se
dévoua-t-elle pas jusqu'à la mort en pénétrant dans le
camp d'Holopherne, auquel elle trancha la tête dans son
sommeil, sauvant par ce coup d'audace toute la Judée qui
allait être mise à feu et à sac par ce terrible guerrier. Puis
vinrent les temps fabuleux de l'antique Grèce qu'illus-
trèrent ces hommes pleins de courage et de hardiesse, ces
demi-dieux qui firent la gloire de cette nation et conqui-
rent les droits d'affranchissement et la liberté des peuples
par leurs hautes maximes, leur grande sagesse et l'exemple
humanitaire; ils bravèrent la haine des dignitaires du pouvoir pour sauver les hommes de la servitude, les Lycur-
gue, Socrate, Solon, Périclès, Démosthènes et autres
défenseurs (leges humanæ) ; à leur suite, ces guerriers protecteurs, jurant l'affranchissement des peuples : Léonidas,
Hercule, le fils d'Alcimène jurant de ne prendre aucun
repos avant d'avoir débarrassé la terre des brigands et des
monstres qui la désolaient, et Thésée, le vainqueur du Mino-
taure auquel l'Attique était contrainte de payer un tribut de
jeunes filles vierges qui étaient égorgées ensuite, après les
orgies; et cette hécatombe de martyrs sublimes dans leur
foi inébranlable pour la liberté, affrontant avec calme la
colère de ces monstres couronnés, les Tibère, Caligula,
Néron et autres Césars de l'antique Rome livrant ces
malheureux esclaves et prisonniers aux carnassiers moins
féroces qu'eux, les uns pour être arrachés par lambeaux,
d'autres enduits de matières résineuses qui, flambeaux
vivants attachés ou courants, éclairaient dans les cirques
ces horribles réjouissances qualifiées fêtes; ces monceaux
d'êtres humains incendièrent cette Gomorrhe en élevant sur
les cendres de ces inoubliables victimes cette belle république de grandeur et de liberté, phare qui devait dans la
suite éclairer le monde en reflétant l'éclat des couronnes
civiques de ces premiers héros citoyens. Laissons au dogme
l'apologie de celui qu'il qualifie Dieu, ne voyons qu'un sauve

teur, le Christ, dont le courage fier et hardi fit trembler les hommes vils et despotes pliant sous le joug d'Hérode et des grands prêtres : ses principes sont bien les doctrines du sauvetage; il ne fléchit pas devant ses implacables enne-mis, proclamant l'affranchissement et la liberté des peuples, brisant les chaînes de l'esclavage en faisant l'unité des hommes; il avait déjà entrevu à travers les siècles ces héros antiques, il comprenait la cause qui les fit agir, c'est pourquoi il tenta de résumer leur gloire en ces belles paroles : « Aimez-vous les uns les autres », invoquant la charité et le courage pour chasser du cœur des hommes l'esprit du mal et y faire germer l'humanité : c'est pour cette noble cause et pour cette société de sauvetage qu'il venait de créer, brisant la barrière du barbarisme pour se répan-dre sur l'univers, qu'il meurt victime de cette cause huma-nitaire.

Au milieu de ce barbarisme qui chaque jour décimait les peuples, l'étoile humanitaire apparaissait parfois. Ne cite-t-on pas saint Martin couvrant un mendiant de la moitié de son manteau, et les jours d'agapes, en Égypte, où tous les ans on rassemblait tous les pauvres en un festin récon-fortant, puis on leur distribuait des vêtements ou autres dons humanitaires; puis le bon Samaritain descendant de cheval pour porter secours à un pauvre hère étendu sur la route, lui donnant à boire et le couvrant de son manteau pour le garan-tir de l'ardeur du soleil; et cette loi égyptienne, sévère, il est vrai, que Rome et la Grèce appliquèrent : quiconque avait été témoin d'un fait de sauvetage à accomplir, ne l'avait pas fait ou tenté par tous moyens possibles de le faire, était condamné à mort. Cette peine était sévère dans son ensemble, mais c'était déjà un phare d'humanité entrevu dans l'évolution des peuples, forçant ainsi les hommes à se secourir les uns les autres.

En notre belle France, ce sont de nombreux volumes qui décrivent tous les faits généreux de hardiesse et de dévouement sublime, héroïsme qui enfanta ces véritables sauveteurs éclos parmi les délaissés, l'amour surnaturel

de la patrie, sauvetage national, même parmi les femmes,
telle cette noble et fière jeune fille, sainte Geneviève,
qui, l'an 450, se dévoua pour sauver le peuple de Paris,
allant se jeter aux genoux de celui qui se faisait appeler le
Fléau de Dieu, Attila; sa grâce, son langage si doux et sa
beauté étaient si dominantes qu'elle obtint de ce redou-
table guerrier qu'il épargnât Lutèce. Et ce dévouement des
six bourgeois de Calais, Eustache de Saint-Pierre, son fils
et quatre autres bourgeois, qui, pour épargner le pillage
de la ville tombée au pouvoir d'Édouard III, roi d'Angleterre,
décembre 1347, allèrent en chemise, pieds nus, la
corde au cou, lui porter les clefs de la ville et se livrer au
bourreau pour être pendus. Puis vint cette vaillante et
sublime martyre, Jeanne d'Arc, dont l'auréole plane encore
sur notre chère France : après qu'elle eut arraché notre
beau pays aux Anglais, elle fut lâchement vendue et livrée
à ses ennemis les Anglais; le crime ignoble qu'ils accom-
plirent en la brûlant à Rouen, en 1431, reste pour cette
nation un stigmate ineffaçable que tous les Français ne peuvent oublier; et Jeanne Hachette qui, devant la lâcheté
des nobles de l'époque, prend le commandement, rassemble
le peuple et fait lever le siège d'investissement et délivre
Beauvais (1472).

Arrêtons-nous aussi à cet homme énergique, Étienne
Dolet, condamné à mort et brûlé vif le 5 août 1546, pour
avoir combattu les fausses doctrines et proclamé les droits
de la vérité et la liberté des peuples.

Arrivons aux XVIIIe et XIXe siècles et faisons une large
part à cette grande génération de 1789, volcan de la souffrance humaine. N'a-t-elle pas eu son holocauste parmi ces
hommes intrépides et vaillants qui se dévouèrent au salut
de la nation; ils furent le messie prédit par les législateurs
de l'antiquité, pronostic de l'évolution des peuples vers
l'alliance fraternelle. Que de sang, que d'angoisses et de
larmes dans cette lutte homicide et cette chasse à l'homme,
ce cyclone de la Terreur, lutte tragique et inégale qui enfanta
des élans de bravoure et de multiples sauvetages couverts

par les ténèbres du silence, du dévouement et de l'inconnu !
Que de pauvres hères ont payé de leur vie, pour avoir
oublié les souffrances passées, avoir protégé et sauvé des
ci-devant, leurs bourreaux d'autrefois, sauvés par leurs victimes ! Quelle belle gloire pour la France (cette libératrice
de l'univers), pour l'Europe entière et la liberté des
peuples ! Et tous ces milliers de faits, de dévouements
inconnus que le hasard nous révèle dans les plus beaux
exemples de nos armées. Ne cite-t-on pas le chevalier d'Assas,
la Tour d'Auvergne, le jeune Bara, le jeune Viala, les
Lafayette, les Rochambeau brisant les chaînes de l'esclavage, n'est-ce pas du sauvetage ? et ces vaillants du corps
des pontonniers qui restèrent dix-sept heures dans les
glaces de la Bérésina pour installer des ponts de bateaux
et les anéantir après la retraite de l'armée française ; une
grande partie de ces malheureux moururent de froid ou
restèrent paralysés après avoir sauvé cette vaillante armée
(incendie de Moscou, 1812). Et ce fait, si légendaire soit-il,
qui remonte au beau temps des diligences, où les conducteurs
de ces voitures semblaient porter le poids de la responsabilité
de la vie des voyageurs. Or, à cette époque, une disette
qui dura près de deux années fit sortir des bandes de loups
dans les villages. La diligence qui faisait le service de
Bussac à Maraval traversait la forêt de la Chaume ; elle fut
attaquée par ces carnassiers. Les voyageurs terrifiés se
virent perdus ; c'est alors que le conducteur, du nom de
Villopin, donna l'ordre au postillon de cingler les chevaux,
puis, pour arrêter cette meute, se jeta en pâture à ces animaux. Cette proie arrêta les fauves. La voiture put gagner
du terrain et les voyageurs furent sauvés.

On ne peut passer sous silence ces dévouements sociaux.
Nos jeunes sauveteurs de l'avenir ne doivent pas l'ignorer.

Ils doivent connaître également cette honteuse traite des
blancs qui, sous l'estampille de l'État, trafiquait de la chair
humaine ; elle avait sa petite bourse sur la place de l'Hôtel-
de-Ville à Paris et son terminus dans les bouges des alentours,
où le poison se versait sur ses catafalques (dits comptoirs),

incinérant l'acte signé et le cerveau de la victime. Tels furent ces marchands d'hommes, négriers autorisés, taxant la dette de sang du *trembleur*, les taux étaient variables, 2,000, 3,000 francs et plus. A l'affût, ces Mandrins rabatteurs embusqués s'emparaient d'un pauvre père de famille sans travail qui, pour quelques centaines de francs, vendait sa vie pour donner du pain à ses enfants, ou un fils pour assurer quelques sous de plus à sa vieille mère... C'était ignoble et infâme, pour qui a vu cette lutte du cœur contre la faim. Que de larmes elle a fait couler cette vile loi de 1832 qui permettait le rachat du service militaire, il a fallu cette néfaste guerre de 1870-71 pour abolir ce trafic et réparer cette erreur d'esprit.

Honneur aux hommes de cœur qui sont intervenus pour sauver la France d'un pareil attentat à l'humanité (œuvre de sauvetage fraternel).

Maintenant, passons aux faits beaucoup plus modernes. La guerre de 1870-1871 offre de grands exemples dans ces nombreuses victimes qui sont mortes pour la patrie. Citons à sa gloire cette jeune fille de vingt ans, Mlle Dodu, attachée au bureau des postes de Gien : elle détourne les fils du télégraphe, les installe dans sa chambre et arrête au passage les dépêches allemandes qu'elle transmet à notre armée, la sauvant ainsi d'un désastre inévitable; le stratagème ayant été découvert, elle est arrêtée et condamnée à être fusillée, quand un ordre du prince Frédéric-Charles suspendit l'exécution; l'armistice se signait et sauvait cette héroïne qui avait épargné la vie à tant de soldats. La médaille militaire et la Légion d'honneur sont les beaux titres de noblesse et de sauvetage qui ont permis son inscription comme dame d'honneur de notre société.

Relevons encore quelques noms qui font la gloire de nos annales du sauvetage. Ces traits de bravoure sont la manne qui doit être semée dans le cœur de la jeunesse de l'avenir; ils n'oublieront pas les disciples qui leur ont tracé la route du devoir; quel que soit le sujet ou l'acte, il éborde d'un cœur loyal et dévoué qui n'a qu'une pensée : donner son existence pour en sauver d'autres.

Le 14 juillet 1900, le jeune Henri Baudoin était simple soldat d'infanterie de marine de la division coloniale de Tien-Tsin ; sa compagnie, après des prodiges de valeur, fut cernée et enveloppée de toutes parts, menacée d'anéantissement. Le commandant Brenot demande un homme de bonne volonté pour porter un ordre au général russe qui se trouvait de l'autre côté de la rivière ; il s'agissait de traverser les lignes ennemies et de passer sur un pont complètement balayé par la mitraille. C'est alors que Baudoin se présente pour porter l'ordre ; il part, traverse la rivière à la nage sous une grêle de balles, arrive au camp et remet le message qui demandait du secours. Pour prix de cette bravoure, le général russe l'embrassa ; cette division de secours sauva ce petit corps d'armée. Combien doivent être fiers les chefs qui ont de pareils hommes sous leurs ordres !

Arrêtons cette nomenclature sur ces faits cités et pris isolément. Certes ils ne sont pas seuls, il y en a beaucoup d'autres aussi glorieux, peut-être encore plus mouvementés, qu'il conviendrait de citer ; il serait même précieux de cataloguer un livre spécial qui relaterait tous les hauts faits qu'inspire l'amour de la patrie à tous nos soldats au milieu des guerres dévastatrices qui déciment les peuples. Les mots humanité, dévouement et courage sont des liens sacrés appartenant entièrement au peuple qui, lui, ne connaît pas de caste devant le danger.

Quand nos jeunes générations soulèveront le voile noir qui couvre encore le drame du 4 mai 1897, incendie du Bazar de la Charité à Paris, fête de bienfaisance donnée par la haute classe de la société. Lorsque, vers 4 heures du soir, un incident détermina la catastrophe, alors on vit ces chevaliers de la peur renverser femmes et enfants qu'ils foulèrent aux pieds pour se sauver, laissant ainsi aux flammes plus d'une centaine de victimes qui auraient pu être épargnées avec leur concours. Quelle horreur ! ces hommes ont fui, abandonnant ces femmes et ces enfants ;

cet acte honteux et inhumain restera dans les annales de l'histoire, triste souvenir! On vit alors surgir le peuple sauveteur pénétrant dans la fournaise et arrachant le plus de victimes possible au brasier. Ceux qui ont été témoins de cet acte grandiose virent, à travers les larmes et les sanglots, le courage faire son œuvre. C'était beau, ces hommes traversant les flammes et revenant comme l'ange du salut.

Ne négligeons pas non plus le courage moral. Bien des paroles sensées ont contribué elles aussi à faire du sauvetage, tel notre estimable et bien regretté médecin en chef de la Société, le docteur de Beauvais, médecin en chef des prisons de la Seine. Un jour qu'il visitait un prisonnier que la fatalité ou la vengeance avait amené là, il fut touché de la situation de cet homme qui cherchait dans le suicide la délivrance du déshonneur (il se laissait mourir de faim); par de bonnes paroles d'encouragement, le docteur obtint que ce prisonnier n'attenterait plus à ses jours. Il passa en jugement quelque temps après, fut reconnu innocent et rendu à sa famille et à la liberté ; cet homme reprit l'existence un instant perdue pour lui et dans la suite reconquit une place élevée dans la société. Cet acte, suivi de bien d'autres, est tout à la gloire de celui que nous avons perdu et que nous aimions tous.

Ces dernières pages compléteront cette gloire du courage par l'acte héroïque de Mme Carlier, femme du vice-consul de France en Arménie. Pendant les troubles qui sévirent en Turquie en 1895-1896, les massacres organisés par les soldats turcs avaient atteint toute leur horreur, surtout au vilayet de Sivas, résidence de notre vice-consul. Celui-ci, vu le danger, avait voulu faire partir sa femme et son enfant, mais sa femme ne put se décider à le quitter. Déjà, bien souvent, ils avaient eu à faire le coup de feu ; à la fin de 1896, on évaluait à 4,830 le nombre de maisons brûlées ou pillées et 3,225 personnes massacrées. C'est au milieu de tous ces événements que M. Carlier reçut de notre ambassadeur à Constantinople cet éloge mérité : nul n'avait fait plus que lui dans ce vilayet qui comptait une

grande population arménienne. Mme Carlier sauva à elle
seule plus d'une centaine de ces malheureux. M. Carlier
depuis est décédé, sa femme aujourd'hui reste seule avec
toute sa gloire. C'est pourquoi M. le général Florentin,
grand chancelier de la Légion d'honneur, a tenu à attacher
lui-même sur la poitrine de cette femme héroïque la croix
de la Légion d'honneur que M. le ministre lui a décernée
comme récompense de son noble dévouement.

Et cette institutrice de Margueritte (révolte des Kabyles,
Algérie 1901) n'a-t-elle pas mérité les plus vives éloges par
son énergie en se plaçant devant les bandes qui voulaient
massacrer les enfants de l'école de ce village : semblable
à un rempart inexpugnable, sa fermeté arrêta les assassins;
cette force énergique sauva les enfants.

Le sauvetage a eu quelquefois ses phases romantiques,
que nos grands maîtres de la scène nous ont fait admirer
comme en ce charmant opéra *Si j'étais roi*. Il n'est pas
besoin d'aller dans les lointaines contrées de l'Inde chercher un sujet, il trouve son idylle sur les bords fleuris de
la Seine, dans une petite commune des environs de Paris.
Il y a quelques mois, c'était en juillet, une jeune femme en
villégiature avec sa famille fut l'héroïne de ce récit; parmi
la société où elle se trouvait était un monsieur qui,
charmé de l'endroit où il se trouvait, fut pris du désir de
se baigner. Sur le défi de quelques personnes il se jette
résolument à l'eau, plonge, revient, puis replonge, mais
ne reparaît plus. C'est alors que la jeune femme, qui savait
très bien nager, se précipite à son secours, plonge et le
ramène à la surface; lui et elle étaient pris dans les herbes,
des bateaux les recueillirent, ils furent sauvés. Le dénoue-
ment fut que, la jeune femme étant veuve, il l'épousa. Il
était attaché à l'ambassade d'Italie; c'était au moment où la
diplomatie resserrait les liens de la France avec cette puissance, ils furent doublement sacrés par l'union de cette
charmante Française.

Je pensais m'arrêter à cette odyssée; un pli noir
m'arrive. Celui-là est mort victime de son dévouement.

2

Guy, jeune homme de 24 ans, venant de terminer sa carrière militaire, rentré dans sa famille à Alfortville. Quelques jours après son retour, c'était en décembre, à 4 heures du soir, des cris d'appel se font entendre ; il court, plonge dans la Seine et sauve un homme qui venait de tomber à l'eau. Mais lui s'était perdu : quelque temps après, ce robuste et brave garçon paya de sa vie cet acte de sauvetage.

Si étendue que soit cette dissertation, elle n'est qu'une bien faible lumière en raison du nombre des faits multiples et méritants renfermés dans l'histoire des peuples. Que nos jeunes sauveteurs s'inspirent de ces hauts faits épars pris au hasard de la pensée ! Qu'ils suivent les traces sacrées de ces martyrs du devoir et de l'humanité qui ont laissé le jalon sanglant de leurs actes sublimes et héroïques, marquant ainsi le chemin que nous devons suivre ! C'est pourquoi nos ancêtres ont pieusement placé sous le patronage de ces gloires du passé le groupement des cœurs généreux désintéressés et vaillants pour la lutte contre la nature, les éléments et les hommes qui resteront, malgré les lois qui les ont transformés et les liens qui les unissent et les fraternisent, les êtres de l'instinct carnassier de l'âge tertiaire ; car s'il y a une partie des hommes qui provoquent et glorifient les massacres, il en est un nombre plus grand qui les guettent pour leur arracher leurs victimes.

CHAPITRE II

ORIGINE DES SOCIÉTÉS DE SAUVETAGE EN FRANCE

En remontant dans l'antiquité, il a dû se trouver beaucoup d'hommes qui eurent la bonne intention de former des sociétés d'hommes de cœur et charitables, car toutes ces forces éparses et disséminées ne demandaient qu'à s'offrir aux hommes; tels furent les principes immortels dont s'emparèrent les premiers pionniers qui eurent la hardiesse et la généreuse pensée de grouper les hommes de courage pour donner une sanction pratique et une force au principe humanitaire : protéger les faibles et secourir ceux qui sont en danger. Nous devons donc rendre hommage à ceux qui eurent l'initiative de cette belle œuvre à son origine.

C'est donc au XVIIᵉ siècle que naquit la première initiative chez notre nation sœur, par les sentiments hospitaliers qui ont été et restent encore un devoir sacré chez ce peuple de la Hollande. Il est par l'histoire une partie de nous-mêmes, les guerres intestines et religieuses, le massacre de la Saint-Barthélemy, les dragonnades, la révocation de l'édit de Nantes et autres martyrologes ayant chassé nos ancêtres dans cette patrie nouvelle. C'est les descendants de ces vaillants cœurs, une partie de notre sang gaulois, pour mieux dire, nos ascendants, à qui revient l'hommage de la première pensée de prévoyance sociale; ils connaissaient la souffrance et, pour soutenir ceux qui luttent contre les hommes et les éléments de toute nature, formèrent ainsi l'ère de l'action puissante de la solidarité fraternelle et humaine; c'est alors que cette grande famille créa la première institution de secours publics, fondée à Amsterdam et à Hambourg en l'année 1667. Elle ne fonctionna d'abord que pour donner des soins aux blessés et porter secours aux noyés. On installa des postes munis d'engins en divers endroits; puis vinrent la création et l'installation de boîtes renfermant des substances médicinales pour donner les premiers soins ou pansements à ceux qui ne pouvaient supporter le transport immédiat. Ces postes, dits ambulances, furent installés principalement sur les côtes éloignées des villes et confiés à des hommes énergiques et dévoués en toutes circonstances, sans que leur pensée ait jamais spéculé sur l'espérance d'une rétribution quelconque ni l'orgueil d'une récompense fastueuse. Leur seul titre de gloire, et il fallait en être digne, c'était l'honneur d'être admis aux fonctions de préposés aux secours publics? on était très sévère sur l'admission des membres. Ces cœurs dévoués se rendirent dignes d'éloges par les nombreux sauvetages sur les côtes et les soins apportés en diverses circonstances. Dans la suite, ils furent rétribués, puis des souscriptions s'organisèrent, des dons particuliers vinrent avec affluence. Alors les ressources permirent de multiplier les postes et de pouvoir étendre les bienfaits sur les fleuves et dans l'intérieur des villes, pour combattre les incendies, les inondations et tout accident. Les membres se constituèrent en une Société dite les Sauveteurs d'Amsterdam. Ils eurent leurs pages de gloire pour les services et les bienfaits que rendirent ces braves et courageux promoteurs. Elle fut donc la première qui plaça sur son étendard cette immortelle devise qui devint dans la suite le mot d'ordre et de ralliement de tous les sauveteurs de l'univers : « Sauver ou périr », qui fit le tour du monde.

C'est alors que l'on accorda comme encouragement des récompenses qui furent données sous forme de primes. Le matériel fut complété, ce qui permit de sauver bien des navires en détresse, ainsi que leurs équipages. L'année 1667 est donc la date mémorable où pour la première fois se groupa et s'affirma la solidarité humanitaire. Malheureusement cette belle œuvre ne dura que quelques années. Les promoteurs disparus, elle périclita pour reprendre dans la suite.

La France ne pouvait rester indifférente à ce grand acte sublime de courage et d'humanité que la Hollande, sa sœur, venait d'accomplir. Des mémoires furent publiés vers 1720, indiquant les moyens de secours à employer contre l'asphyxie par submersion ; différents services furent installés à Paris; Pierre Franck, en 1763, publia un ouvrage sur tous les soins à donner pour différentes causes : *Noyade et Asphyxie*, qui fut réédité par un long mémoire du Dr F. Vicentini, en 1768.

En 1740, Réaumur rédigea, par ordre du roi, un avis qui fut imprimé et répandu à profusion, lequel ordonnait à tous ceux qui retiraient un noyé d'avoir à lui donner soins et secours pour le ramener à la vie; de plus, d'avoir à prévenir tout accident. Cet avis fut de nouveau réimprimé en 1758, 1769 et 1779. A cette époque un mémoire fut rédigé et adressé au prévôt de la police, relatant les désastres causés par l'inondation où il y eut un grand nombre de victimes. Puis l'année 1789, le 20 janvier, la débâcle des glaces fit de vrais désastres, la batellerie eut beaucoup à en souffrir; il y eut également de nombreuses victimes, mais il n'est fait aucune mention des sauvetages qui furent accomplis. Chacun dut faire de son mieux pendant les siècles antérieurs, la valeur s'étant perpétuée.

Le XVIIIᵉ siècle s'illustra par la prévoyance et l'impulsion persévérante qu'il apporta au groupement de sociétés protectrices des côtes, car si un navire était jeté sur les récifs par la tempête, c'était la mort pour les malheureux naufragés, et si l'on échappait au naufrage par un secours imprévu, ce n'était que pour tomber entre les mains des audacieux naufrageurs ou pirates qui sillonnaient les rivages divers et les côtes, sortes d'oiseaux de proie des océans plus terribles que la tempête, n'ayant d'autre pitié que ce mot d'ordre : de l'or ou du sang. Ils allumaient des feux la nuit sur certains points, pour tromper les navires et les attirer sur les récifs, où le plus souvent ils venaient se briser, ce qui leur offrait une proie facile à la capture et au pillage; ils massacraient les hommes d'équipage, quand ils ne pouvaient les prendre et les emmener en captivité pour les vendre comme esclaves. Tels étaient les corsaires des côtes, principalement du Maroc et de l'Inde. Ces horribles carnages et trafics, la France en avait entrevu la fin dans le noble élan des sauveteurs de la Hollande; elle comprit combien était belle et sublime une semblable institution, son œuvre était tout accueillie comme délivrance, espérance, force et soutien.

C'est alors que Piat, échevin de la Ville de Paris en 1770, organisa un service de secours publics. Il installa d'abord des engins sur les rives de la Seine, aux ports de débarquement, et sur différents endroits des boîtes dites entrepôts contenant des remèdes pour donner des soins, puis des appareils furent également disposés pour porter secours aux noyés; il forma avec les gardiens des ports un corps de secouristes qui furent exercés à ce service des engins et à donner des soins. Ce premier résultat fut couronné de succès. En quelques jours, il fut retiré six personnes de l'eau qui furent rappelées à la vie. Ce résultat fut un éclatant hommage à l'utilité de cette noble cause. Piat reçut quelques années après (1776), comme récompense de cette sainte entreprise, une médaille d'or de la Société mère d'Amsterdam. C'est donc à la gloire de Piat que revient le titre de fondateur de la Société centrale des Naufragés de France; son nom devrait être inscrit en lettres d'or aux sièges de toutes les sociétés de sauvetage. Cet entraînement obtint une ordonnance royale qui obligeait les curés, dans toutes les églises, de lire, tous les dimanches, les prescriptions médicales pour les secours à donner aux asphyxiés par submersion.

Cet élan fut le signal pour certaines grandes villes de l'Europe qui formèrent des sections dites de secours ainsi que différents postes qui furent établis sur les côtes. L'Angleterre fit des efforts pour suivre la généreuse inspiration de la Hollande et de la France. Elle tenta en 1773 et 1774 de fonder une société similaire. Ce fut à un éminent jurisconsulte et à un médecin anglais, A. Johnson et Hawes, qu'en revint l'honneur. En 1774, ils organisèrent des souscriptions, recueillirent des dons particuliers ; petits et grands apportèrent leur obole et l'État intervint par son précieux concours. En peu de temps, elle devint très florissante ; c'est alors que la Grande-Bretagne put compter plusieurs sociétés devenues célèbres, telles la Société humaine et royale de Londres, puis la Royal Society, fondée en 1824 par sir William Hellery et Thomas Wilson, membre du Parlement. Ce ne fut qu'en 1864 que l'Angleterre organisa une brigade de sauveteurs volontaires qui fonctionna dans tout le royaume ; en 1866, elle comptait 71 brigades ou compagnies de volontaires sauveteurs, sous la direction de l'État ; elle enregistrait à cette époque 1,600 sauvetages ; elle avait créé son premier bateau de sauvetage sur les côtes vers 1789.

L'Italie fut le berceau également des plus anciennes sociétés de secours publics, qui eurent leur premier siège à Naples vers le XVIIe siècle, Venise, Milan, Padoue eurent leurs institutions de secours, que le Dr F. Vicentini mit en vigueur vers 1768, rééditant des ordonnances des gouvernements de Florence, de Bologne, de Lucques. En 1773 et 1774, le duc de Modène, pour vaincre la superstition et les préjugés qu'inspiraient les noyés à l'ignorance du fanatisme religieux du peuple, assigna une récompense pécuniaire et honorifique pour tous sauvetages, et fit distribuer en quantité les ouvrages de Gardanne, auteur français du meilleur traité des secours contre l'asphyxie.

Toutes les nations s'inspirèrent de cette œuvre de confraternité universelle, unissant toutes les religions dans une même pensée. La Chine, vers 1740, par ordre de l'empereur Khiang-Loung, publia des statuts sur les secours à donner aux naufragés. Cette ordonnance trouva un soutien dans la suite, chez le prince Taou-Kiwan, son petit-fils, qui confia cette noble cause au savant Gutr-Laff, qui fut le président de la section à Macao ; il fit don à la Société générale des Naufragés (1835) des statuts écrits en chinois.

En Autriche, l'impératrice Marie-Thérèse, la protectrice du peuple, publia une ordonnance en 1769, qui prescrivit les secours et soins à donner aux noyés. Mais ce ne fut que vers 1803 que l'Autriche posséda une institution complète de sauvetage. Hambourg, en 1774, fit paraître une ordonnance qui institua les secours et soins aux noyés et asphyxiés; elle eut l'heureux résultat de sauver la vie à 85 asphyxiés sur 113 dans les trois premières années.

L'Allemagne fonda la Société humaine vers 1861. Elle établit des postes sur différents points de son territoire, à Brême, à Lubeck, Rostock, Emden, Elberfeld, Dantzig. Elle comptait en 1867 13,000 membres.

Le Danemark a sa société placée sous le contrôle direct du gouvernement.

Plusieurs grandes villes de France eurent leurs sociétés de sauvetage qui ont servi de phares à travers les ans; celle de Dieppe organisa les secours aux naufragés en 1775, puis elle périclita et se reforma d'une manière active, sous la présidence du docteur Novet, en 1835.

A Boulogne, la Société humaine s'organisa en 1824; ce fut un Anglais, M. Larking, qui la fonda; puis celle de Bayonne en 1834, par les soins de M. A. Darmentière. Dunkerque eut la sienne également en 1834, fondée par M. Carlier, Calais fonda la sienne le 22 août 1834; ce fut M. Leveux, maire de Calais, et cinq citoyens dévoués parmi lesquels se trouva un gentilhomme anglais, qui créèrent cette institution qui depuis sauva tant de naufragés.

Lyon créa également vers 1786 une société similaire à celle de Paris. Ses débuts furent assez difficiles; dans la suite elle conquit toute la partie du Rhône, et de nos jours elle est des plus prospères. Plusieurs grandes villes l'imitèrent.

La Société, ainsi constituée par Piat, ne trouva pas vers cette époque de bien grands encouragements; les préjugés des classes dirigeantes, les divisions de castes, les droits féodaux éloignaient les seigneurs de tout ce qui touchait à l'humanité: les gentilshommes se souciaient peu du peuple, ils ne se seraient pas arrêtés ni détournés à la plainte d'un vilain, manant ou roturier; que leur importaient la vie ou les souffrances de ces êtres inférieurs? ce sacrifice était au-dessus de leur personne; et la bourgeoisie même, se mettant au niveau de la noblesse, dédaignait toute intervention. Que leur importait la recherche d'une pareille gloire? Il ne fallait donc pas compter sur leur concours ni leur appui pour encourager le sauvetage. Restaient les hommes du peuple, les artisans libres et, dans le Tiers-État, quelques rares cœurs généreux pour soutenir et encourager les hommes dévoués de cette époque à cette noble institution. La tourmente de la grande cause révolutionnaire commençait déjà à sonner chaque jour l'heure de la délivrance. On entendait déjà tinter le lugubre glas funèbre de la mort de la féodalité. Ce bouleversement entraîna forcément dans un sommeil léthargique la Société des Sauveteurs, mais les chants glorieux de la liberté la réveilla avec le nouveau siècle. Le 29 avril 1800, le Préfet de police rendit un arrêté réorganisant les secours et soins à donner aux noyés pour les rappeler à la vie, ainsi que le moyen de se servir des boîtes dites fumigatoires. Plus tard, le 26 août 1806, cet arrêté fut renouvelé avec des instructions spéciales. En 1815, le docteur Marc, membre du Conseil de la salubrité, fut nommé directeur de tous les services concernant les secours publics. Il y apporta ses constants efforts d'amélioration et toutes ses hautes capacités; ce service fut, près de la Préfecture de police, comme un bienfait très utile et important durant les vingt-cinq années qu'il occupa cette fonction. C'est donc sous le couvert de ces ordonnances que la Société se reconstitua en 1804, héritière de la gloire laissée par sa mère la Société d'Amsterdam si bien transmise par les principes de Piat Elle devait s'en inspirer et vivre au milieu d'un peuple régénéré et libre. Elle prit le nom de Société internationale des Naufrages. Les archives de cette nouvelle souche ayant disparu dans les tourmentes de cette nouvelle génération fauchée par les guerres du premier Empire, le nom du président de cette nouvelle souche n'a pu être bien défini d'une manière précise; on cite toutefois vers cette époque un homme qui serait le principal réorganisateur de la Société internationale des Naufrages : ce serait un nommé Vilain, homme de mœurs simple et sans fortune, mort inconnu et pauvre à l'hôpital; il aurait sauvé à lui seul plus de cent cinquante personnes ! Combien de victimes ont dû l'honorer ! Que ce nom reste comme un pieux souvenir !

Après lui vint un de ses disciples, Dacheux, surnommé le dauphin de la Seine; il comptait lui aussi plus de soixante sauvetages. Ce sont ces hommes de cœur qui groupèrent les braves comme eux, disséminés, et les rallièrent sous la bannière de Piat. Bien que faible en ses débuts, leurs bienfaits s'étendirent à nouveau comme un rameau puissant et consolateur sur notre littoral; ils réorganisèrent sur les côtes et dans les ports des postes vigies, munis des engins les mieux perfectionnés pour cette périlleuse besogne de la lutte contre les forces de la nature qui impose la bravoure aux hommes. Ils rivalisèrent dans les multiples secours qu'ils s'efforcèrent de porter aux navires en détresse. Des primes en argent furent données aux hommes qui montaient les canots de sauvetage ou de secours. Ces débuts furent imposants et assez importants, même d'un haut prestige. Ainsi, c'était plus qu'un titre honorifique que d'appartenir à la Société, il fallait certaines aptitudes, prouver que l'on savait nager et avoir fait preuve de sauvetage, être assez fort pour protéger et porter secours; puis, l'on n'était admis qu'après avoir prêté serment de se dévouer, au péril de sa vie, pour sauver son semblable et de concourir de tout son pouvoir au maintien de la liberté et de l'égalité envers tous les citoyens sans rétribution. Nous sommes loin aujourd'hui de ces serments virils (qui rappelaient ceux des Grecs et des Romains). Tels furent les sauveteurs nos grands-pères; la Société avait le droit d'être fière de pareils hommes, aussi elle eut le privilège de faire frapper des médailles à titre de récompense, que l'on pouvait porter. La première médaille était de grand module, en or, plus grande qu'une pièce de cinq francs; elle était donnée en écrin; puis, avec, on remettait une petite médaille du module d'une pièce de vingt centimes; c'est cette dernière que l'on pouvait porter avec un ruban tricolore. Plus tard, cette médaille fut changée en une médaille en argent du module de celle qui se porte actuellement; cette dernière fut portative, seule la Société la décernait. Une ordonnance de Louis XVIII, en date du 12 juillet 1816, supprima ce privilège qui fit retour au souverain. C'est

Modèle de la Médaille d'argent qu'avait le privilège de décerner la Société générale des Naufrages (de 1835 à 1842).

donc à partir de cette époque que les récompenses pour belles actions furent sanctionnées d'une manière officielle et consacrées comme reconnues honorifiques par le gouvernement, qui seul depuis cette date a qualité pour décerner les médailles d'honneur de sauvetage. L'ordonnance portait ceci : Les médailles que les sociétés de sauvetage ou les compagnies d'assurance distribuent ne peuvent être portées d'une manière ostensible ; le port de toute autre médaille que celles délivrées par le gouvernement expose les délinquants à des poursuites judiciaires, amendes et emprisonnement. » Cette ordonnance nous fait connaître que les compagnies d'assurance avaient autrefois le privilège de récompenser ceux qui s'étaient dévoués dans les incendies, en leur décernant des médailles qu'ils pouvaient porter.

Pendant ces trente premières années, la Société resta presque stationnaire. Vers 1834, elle se réorganisa d'une façon plus complexe et fut définitivement reconstituée le 1er janvier 1836, sous la présidence ou direction de M. le comte A. Godde de Liancourt; elle s'illustra même par les hommes qui se trouvèrent à la diriger. C'est dans le but d'un bien-être commun, que se rallièrent toutes les nations à la Société générale internationale des Naufrages. La Russie, sous la haute direction du conseiller d'État Pachen, en l'année 1805, publia des instructions pour les secours à donner aux noyés et aux naufragés; il les fit distribuer dans tout l'empire de la Russie et de la Pologne. La Belgique, l'Amérique, le Danemark, la Suède, le Portugal, l'Espagne, le Maroc, la Suisse et la Sardaigne s'affilièrent à la Société qui fut le foyer de l'univers : elle a été maîtresse du globe, des bords de la Seine à la mer de Chine; elle a planté le fanion pacifique de l'humanité, qui a flotté sur le golfe Persique, dans l'Atlantique, la Méditerranée, la mer Caspienne, sur les bords de la Plata, au golfe Mexicain, sur le Nil et le Bosphore; c'était plus qu'une Société, c'était un véritable ministère où arrivaient se concentrer tous les actes humanitaires de courage et de témérité. Des ordres étaient transmis dans toutes les directions, et plus de 21,000 lettres écrites à la main circulèrent dans le monde entier; elle fit imprimer et distribuer 1,200,000 brochures donnant les soins à prodiguer aux naufragés, et les secours sur la voie publique. On compte que vingt et un départements français ont un littoral baigné par les eaux de la mer et leur population dépasse plus de dix millions d'hommes, qui tous les jours luttent avec les flots. C'est donc avec profusion que furent distribuées toutes ces intéressantes brochures qui devaient répandre ses bienfaits humanitaires sur le monde entier, principalement sur les côtes et dans

nos principales villes de France. Les voies navigables et
terrestres emportaient les courriers. Elle correspondait
avec les sociétés étrangères qui étaient représentées par des
délégués hauts et puissants, des ambassadeurs, des consuls,
des diplomates, voire même des princes ; tous ces dignitaires de la gloire ont tenu à racheter l'horreur du passé ;
par cet examen de conscience, la noblesse assimila son
nom et sa protection aux vertus civiques. Ce fut, vers cette
époque, l'apogée que la Société ait jamais acquise. De
toutes les directions de la France et de l'étranger arrivaient
des rapports très documentés et intéressants concernant
tous les actes de courage accomplis, sur les naufrages survenus et ceux évités et sur tous les moyens pouvant être
utilisés ou étudiés, les secours divers et les soins donnés.
On s'occupa de la création de phares et autres signaux en
mer, d'engins nouveaux que l'on étudiait et expérimentait,
puis de certains types de nouveaux bateaux ou canots de
sauvetage, des amarres et porte-amarres, des bouées, ceintures de sauvetage et autres engins pouvant être utilisés.
C'était alors une véritable Académie de la science humanitaire distribuant la force, le courage, la bonté et le
dévouement. C'est cette puissance qui avait le titre, à cette
époque, de Société générale internationale des Naufrages,
qu'elle changea dans la suite en celui de Société centrale des
Naufragés, qu'elle porte de nos jours et sous lequel elle se
trouve de nouveau signalée au cours de cet ouvrage.

Il fut fondé vers 1835, par la Société générale internationale des Naufrages, quarante établissements qui fonc-
tionnèrent, comme postes-secours tant en Europe qu'en
Amérique, pour mieux dire dans les cinq parties du
monde, et qui sauvèrent la vie à 440 personnes par année,
en moyenne. Elle avait une telle importance en son fonctionnement qu'elle dut organiser différentes commissions
qui eurent leurs attributions diverses et des pouvoirs spéciaux très étendus : il y eut trois commissions.

La première commission comprenait tous les actes de
courage, les sauvetages accomplis et les récompenses à

accorder. La Société générale internationale des Naufrages a distribué les médailles en écrin qui suivent :

De 1835 à 1842, 5 médailles d'or, 40 en vermeil, 113 en argent, 39 en bronze, 1,160 diplômes de sauveteurs, à 1,357 personnes réparties dans les différentes nations suivantes : l'Afrique française, l'Angleterre, l'Allemagne, l'Autriche, la Belgique, le Mexique, Naples, le Portugal, l'Espagne, la Chine, le Danemark, les États-Unis, la Russie, la Sardaigne, la Suède, la Suisse, la Grèce et la France.

La seconde commission, hygiène, engins divers, matériel, cours, conférences pour former les équipes de sauveteurs. La troisième commission, études diverses, expériences, rapports financiers, comptabilité. Les ressources auraient atteint 686,000 francs, les dépenses 634,000. Elle comptait 55,000 à 60,000 francs de subvention.

Malgré l'ordonnance de 1816, elle obtint du gouvernement de pouvoir encore distribuer dans son privilège les médailles portatives qui lui restaient. Cette autorisation lui fut maintenue de l'année 1835 à 1842, où il fit retour à l'État. C'est alors que la famille royale donna l'exemple en l'encourageant de son patronage. Le roi Louis-Philippe, puis la reine Amélie se firent inscrire, le prince de Joinville et autres princes royaux, les ducs d'Aumale et de Montpensier, la reine d'Espagne et du Portugal, le roi de Grèce, le roi Charles-Jean, le duc de Sussex, la duchesse de Kent, S. A. S. Monseigneur le prince de Salm Kyrbourg, le prince d'Ahaux et de Bocholt (qui fut le président général) le prince de Wladimir Swiotopolk de Mir, Monseigneur le prince Adam Czartorisky, l'amiral de A. S. M. de Clairval, le lieutenant général comte Villaret de Joyeuse, comte de Persent, grand d'Espagne, le général comte Wetchine, président de la section russe, le général Duchand, le chevalier d'Agostino, de Naples, comte de Sarzana Brignola, grand d'Espagne, T. Barnes, officier de l'armée anglaise, de Saint-Vincent, président du comité des Finances, docteur Leroy d'Etiolles, président de la deuxième Commission, et toute l'élite des classes dirigeantes vint comme ces preux chevaliers du moyen âge se grouper sous la bannière de la Société internationale des naufrages, c'est à qui aurait l'honneur d'en faire partie. Ses présidents et vice-présidents d'honneur furent des princes royaux et des amiraux, tels les amiraux Villaumez, Duperré, Bergeret, Roussin, Ducrot de Villeneuve, Arnous de La Bretonnière, puis les grands chefs de l'armée, les maréchaux Masséna, Grouchy, duc de Montebello, le prince de Wagram ; duc de Broglie, Guizot, de Rambuteau. Parmi les princes de l'Église, il faut citer les archevêques de Paris, d'Auch et de Bordeaux. Toutes ces hautes personnalités contribuèrent par leur situation, leur influence et leur concours pécuniaire, à former sur tout le territoire, à l'étranger même et dans nos colonies, des postes ou établissements humanitaires de secours publics, qui furent de grande utilité.

Nous pouvons être fiers que la France soit la première nation qui ait prêché la croisade de la haute pensée protectrice des naufragés et nous devons cette reconnaissance de propagation humanitaire à un homme dont le zèle fut des plus dévoués à cette cause, M. le comte A. Godde de Liancourt, qui a répandu sur le monde entier cette œuvre d'utilité sociale et de bonté fraternelle ; son nom a fait, de 1835 à 1841, le tour du globe. Arrachant aux flots et à l'esclavage des milliers de vies humaines, la Société générale internationale des Naufrages lui doit d'avoir planté son étendard comme droit de conquête aux quatre parties du monde avec cette devise comme ralliement souverain « sauver ou périr », et dire que la généralité des sauveteurs d'aujourd'hui ignorent ce nom vénéré qui a fait flotter la bannière de la paix dans la pacification de la sainte alliance du devoir entre toutes les nations ; il a converti les engins qui ont pour mission de semer la mort en de puissants serviteurs à sauver la vie. C'est à lui que l'on doit le canon porte-amarre, le mortier lançant la bombe et le grappin : par une charge de poudre de 100 à 500 grammes, l'amarre peut être envoyée de 500 à 600 mètres et plus.

Les premiers essais furent faits au polygone de Vincennes en 1837, il introduit également la fusée, les balastres ou arbalètes et un canot de sauvetage très compliqué, dont les essais furent faits au Havre le 13 décembre 1837 ; Rouen, 11 mars 1838 ; Engouville, 13 mai 1838 ; Caen, 24 mai 1838 ; Courseule, Saint-Marrouf et Fort-Royal, mai 1832 ; Cherbourg, 19 août 1840 ; Lahouge, 7 septembre 1839 ; Nantes, 13 février 1839 ; Paimbœuf, 5 mars 1839 ; Pouliguen, 11 mars 1839 ; Croisic, 15 mars 1839 ; Bône (Algérie), 23 février 1840 ; Livourne, 26 novembre 1840 ; Cahors, 27 avril 1840 ; La Rochelle, 27 avril 1841, sans compter les autres parties du globe. On trouve des données d'un premier bateau de sauvetage qui aurait été construit en France vers 1610 par le chevalier Launay de Rasilly, chef d'escadre de la marine, mais n'aurait pas donné tous les résultats désirables. Par quelle circonstance cette gloire disparut-elle comme dans un décor d'apothéose ? tout passe ! Celui qui en était la lumière s'éteignit, emportant le secret du mécanisme qui mettait l'univers en mouvement, les hommes et les actes.

Ce fut un véritable désastre pour l'humanité qui vint arrêter pour longtemps ce havre de l'espérance, car, malgré la gloire de tous ces hommes dévoués, la Société périclita ; ses ressources s'épuisèrent, un contrôle sérieux finit par manquer pour ses finances ; les phases politiques avaient entraîné les hommes et leurs bienfaits. Cette œuvre universelle perdit une grande partie de son éclat ; il se trouva des êtres jaloux qui envièrent le prestige de certains, un duel de rivalité les désunit. Il n'était pas possible pourtant qu'une aussi belle institution tombât dans l'oubli. Courage oblige, et ceux qui avaient été à la peine devaient être à l'honneur de reprendre cette œuvre si bien commencée. Ils reformèrent, vers 1844, une nouvelle famille ; ce faisceau civique du courage et du dévouement reprit force et vigueur. En 1845, elle changea son titre en celui de Société Centrale des Sauveteurs de France, ayant à sa tête comme président M. Courtellemont ; elle fut autorisée la même année par le roi Louis-Philippe ; elle eut pour secrétaire général M. Edmond Rigo, qui apporta dans ses fonctions beaucoup de zèle, puis des administrateurs distingués et dévoués. Nous sommes heureux de pouvoir retrouver au milieu de nous le seul de cette vieille armée, qui fut le gardien fidèle de cette dernière fondation et le survivant de ces thermopyles, le vice-président d'honneur et à vie des Sauveteurs de la Seine, notre très sympathique membre d'honneur et camarade M. Jules Delarue, un de ceux qui portent une des dernières récompenses : la médaille de sauvetage, décernée par le privilège de la Société avant l'ordonnance de 1842 qui interdit ce privilège ; on cite également deux autres membres, MM. Biz et Bodson, les derniers qui eurent cette récompense.

Il y eut deux cent quatre-vingt-douze médailles et diplômes de ce type qui furent décernés tant en France qu'à l'étranger ; ces diplômes étaient aux armes du gouvernement impérial et de la Société ; depuis, aucune récompense honorifique de ce genre ne put être décernée que par le gouvernement. Nul ne pouvait porter le ruban sans la médaille. Que diraient nos braves sauveteurs de cette époque ? Ils se trouveraient déplacés, voire même déshonorés s'ils devaient, comme le plus grand nombre de ceux qui font partie des Sociétés d'aujourd'hui, se parer de tous ces colifichets de médailles, insignes, hochets factices et rubans multicolores qui sont une honte pour ceux qui les portent et pour la Société qui les tolère ; ils étaient de bien simples citoyens, les sauveteurs d'autrefois, sans orgueil, n'ayant d'autre insigne que le courage qui les faisait reconnaître entre tous ; un sauveteur avait comme une auréole qui le faisait vénérer dans son quartier, sa commune ou l'endroit de la côte qu'il habitait, et le jour de fête publique il avait sa place marquée à l'estrade d'honneur, près des dignitaires, fier dans son costume : un petit veston court avec revers et col en velours noir, ancre brodée or sur le collet ; l'étoffe était du gros drap noir ou bleu foncé avec deux rangées de boutons de cuivre simple ; un pantalon de même étoffe ou blanc assez large ;

3

une casquette à large fond assez haute se terminant sur le devant par une petite visière tombant sur le front ; nul galon ni broderie, quelquefois une étoile indiquant le grade. Cet uniforme de grande tenue n'était porté que les jours de grande cérémonie, par ceux qui avaient le moyen

Uniforme des sauveteurs de 1385 à 1865, grande tenue.

de le payer ; certains recevaient cette tenue comme prime de récompense ; tous avaient l'air martial sous ce costume, et quand on les voyait passer, se rendant aux assemblées, fêtes civiles ou officielles, chacun se découvrait avec vénération : c'étaient les sauveteurs, plus d'un assistant leur devait un des leurs et tous avaient un tribut à leur payer.

C'était alors l'époque vénérée de l'institution. Elle va bientôt sonner l'heure du centenaire de cette fondation ; la France aura à s'incliner devant cette grande humanité ;

M. JULES DELARUE,
Vice-Président à vie de la Société des Sauveteurs de la Seine.
Fondateur et Doyen des Sauveteurs de la Seine.
Le seul titulaire de la Médaille de sauvetage délivré par le Privilège de la
Société en 1842.
Officier d'Académie, Médaille militaire.

ce jour-là, l'ingratitude des hommes apprendra le chiffre élevé des existences sauvées, le nombre infini des victimes arrachées à la mort ou aux éléments de toutes sortes, et le monde entier aura aussi sa dette de reconnaissance à payer à tous ces héros qui ont composé sa phalange, depuis sa création jusqu'à ce jour, et qui sont morts pour sauver un des leurs. Le nombre en sera grand de ces victimes du devoir qui ont gardé à travers les siècles l'étendard sacré vieilli lui aussi en gardant la foi de sa devise : Sauver ou Périr. Oh! s'ils pouvaient, en déployant ses plis, lancer dans l'espace tous les cris de détresse et d'effroi de ces nombreuses victimes appelant au secours, le monde frissonnerait de terreur, comme glacé d'épouvante, et si parfois des larmes de reconnaissance sont tombées sur ses plis, l'arrosant de leur joie, sa hampe ne pourra jamais quitter le crêpe en signe de deuil de ceux qui le portèrent et qui ne sont plus.

Espérons que nous retrouverons encore quelques vétérans, derniers flambeaux de ce beau phare, tel notre estimé doyen Jules Delarue et autres qui seront à cette place d'honneur les dignes représentants de cette gloire éteinte, dans l'apothéose de cette grande et belle solennité.

*
**

Ceux qui sont familiers avec le reflux de l'Océan admireront Victor Hugo en ces vers qui définissent bien l'épitaphe des marins :

Nul ne sait votre sort, pauvres têtes perdues.
Vous roulez à travers les sombres étendues,
Heurtant de vos fronts morts des écueils inconnus.
Oh! que de vieux parents qui n'avaient plus qu'un rêve
Sont morts en attendant tous les jours sur la grève
   Ceux qui ne sont plus revenus.
Où sont-ils les marins sombrés dans les nuits noires ?
Ô flots, que vous savez de lugubres histoires !
Flots profonds redoutés des mères à genoux,
Vous vous les racontez en montant les marées,
Et c'est ce qui vous fait ces voix désespérées
Que vous avez le soir quand vous venez vers nous.

. . . .

                 VICTOR HUGO.

PIÈCES JUSTIFICATIVES ET HISTORIQUES
PAR ORDRE DE DATE
DE LA FONDATION DE LA SOCIÉTÉ INTERNATIONALE
EN FAVEUR DES NAUFRAGÉS

SECTION ROYALE DE NAPLES ET SICILE

Monsieur le Secrétaire-Général,

J'ai la satisfaction de vous annoncer, en réponse à votre lettre très obligeante du 28 mai dernier, que S. M. le Roi mon maître a accueilli très favorablement la demande que la *Société Générale des Naufrages* lui a adressée par l'organe de S. E. le maréchal de France, marquis de Grouchy. Et je dois ajouter que Sa Majesté, désireuse de placer son nom parmi les membres de la Société, a chargé son ministre à Paris de signer la souscription dans la classe des Protecteurs.

C'est avec empressement que je saisis cette occasion de vous témoigner l'assurance de ma considération la plus distinguée.

Signé, N. SANTANGELO, Ministre Secrétaire d'État de l'Intérieur.

Naples, 10 décembre 1830.

SECTION ROYALE PORTUGAISE

Ordonnance royale.

La Société Générale des Naufrages et de l'Union des nations, ayant fait parvenir au ministre, par la voie du gouverneur de la place Saint-Julien de la Barre, Jao da Matta Chapuzet, un exemplaire des Statuts;

Sa Majesté la REINE ordonne que cet exemplaire soit remis à l'association commerciale de Lisbonne, l'invitant à aider la susdite Société de ses lumières et connaissances pratiques, ainsi qu'à concourir avec ledit gouverneur, pour l'établissement, entre nous, d'une Association correspondante, dont le but est si utile et si philanthropique, afin de contribuer à la diminution des naufrages, ou du moins de leurs terribles effets, soit en donnant des secours aux marins en danger, soit en sauvant les naufragés au moyen de *bouées de sauvetage*, ou à l'aide de marins hardis et exercés, qui, encouragés par des récompenses convenables, peuvent risquer un si dangereux service. Sa Majesté la REINE espère que l'*Association commerciale*, animée, comme elle l'est, de patriotisme, prêtera l'attention que mérite un établissement d'intérêt général et d'honneur national, qui a d'ailleurs tant de rapports avec la prospérité du Commerce et de la Navigation.

Château de Ramalhao, 14 septembre 1835.

LA REINE,

Signé : RODRIGO DA FRONSECA MAGALHAES,

Ministre de l'Intérieur.

SECTION ROYALE D'ESPAGNE

Quartier général de l'armée de Catalogne, le 19 octobre 1835.

Monsieur Godde de Liancourt,

J'ai eu l'honneur de vous annoncer, par ma lettre du 10 novembre dernier, que j'avais fait parvenir aux augustes mains de Sa Majesté la REINE Régente d'Espagne, le diplôme que la *Société Générale des Naufrages* m'avait transmis, et qui contenait l'admission de Sa Majesté, au nombre de ses membres protecteurs.

En conséquence de cet envoi, S. E. Monseigneur le Président du Conseil des Ministres d'Espagne, Secrétaire d'État au département des Affaires étrangères, Don Juan Alvarez y Mendizabal, m'écrit en date du même mois de novembre, la lettre officielle dont la teneur suit :

« Excellence, j'ai donné connaissance à S. M. l'Auguste REINE Régente, de la dépêche de Votre Excellence, du 10 courant, à laquelle était joint le diplôme de la *Société Générale des Naufrages* délivré en faveur de Sa Majesté comme un de ses membres protecteurs. Sa Majesté a agréé, avec une estime toute particulière, ce témoignage obligeant des sentiments de la Société à son égard, et elle veut que Votre Excellence lui en fasse les remerciments les plus vifs en son nom royal, l'assurant que le constant intérêt et la bienveillance de Sa Majesté, se joindront toujours au prix qu'elle attache à son souvenir et au but d'humanité qui fait le digne objet de l'institution, dès qu'il s'agira de contribuer aux progrès et à la splendeur de celle-ci. »

« Par ordre de Sa Majesté, j'en fais part à Votre Excellence, pour son intelligence et pour les effets ci-dessus indiqués. »

Je vous le transmets afin que M. le Secrétaire général puisse le faire connaître à l'illustre Société, et que celle-ci soit instruite du plaisir avec lequel Sa Majesté a daigné admettre le Diplôme.

Votre tout dévoué,

ESPOZ Y MINA, Président d'Honneur de la Société.

PRÉSENTATION DE LA SOCIÉTÉ AU ROI DES FRANÇAIS

Le premier janvier 1836, j'ai eu l'honneur, en ma qualité de Fondateur de la Société, de présenter au Roi des Français le Conseil Supérieur, à la tête duquel se trouvaient les braves amiraux J. Bergeret et Sir Sidney Smith. L'amiral anglais porta la parole, et le Roi Louis-Philippe lui fit la réponse suivante :

« Mon cher Sir Sidney, je suis bien aise de vous voir à la tête d'une Société aussi éminemment utile, je ne doute pas après, ce que je viens d'entendre, que ses travaux ne soient très profitables à l'humanité. Continuez la tâche que vous avez commencée, et la Société peut compter sur toute mon assistance. »

2º PRÉSENTATION AU ROI DES FRANÇAIS

Le premier mai suivant, M. l'amiral Lalande présenta la députation du Conseil au Roi Louis-Philippe. Après que l'amiral eût exposé les travaux de la Société, Sa Majesté s'exprima ainsi :

« Monsieur l'amiral, je vous revois avec bien du plaisir, et je vous félicite de la persévérance que vous mettez à suivre vos nobles et utiles travaux. J'ignorais qu'il existât des moyens de sauvetage sur les côtes de l'empire de Maroc, car je croyais que la philanthropie s'arrêtait à ce rivage. Je suis aussi agréablement surpris que touché de tout ce que je viens d'entendre. »

En prononçant ces paroles, le Roi se tourna vers M. Godde de Liancourt, fondateur de la Société, qui dit à Sa Majesté : « Sire, je suis heureux de vous faire connaître la nouvelle officielle, d'après une lettre que m'a écrite le ministre du Maroc, à Londres, il y a trois jours, que l'Empereur a ordonné de porter secours aux marins en danger sur les côtes de son empire, et de traiter humainement les naufragés de toutes nations, sous peine d'encourir sa disgrâce. »

— Il n'y aura donc plus d'esclaves! répliqua le Roi : j'ignorais totalement cette nouvelle. *C'est le plus beau bouquet, Messieurs, que vous puissiez m'offrir le jour de ma fête.*

SECTION DE SUÈDE ET NORVÉGE

Stockholm, 30 décembre 1836.

Monsieur Godde de Liancourt,

L'amiral comte de Cronsted m'a présenté, il y a peu de temps, la lettre que vous m'avez adressée; en vous remerciant de m'avoir mis à même d'apprécier votre association philanthropique, je vous annoncerai que nous possédons déjà en Suède trois institutions à peu près semblables.

J'ai donc chargé le comte de Cronsted, président de l'administration de la marine, de vous faire connaître l'organisation de nos institutions, et de vous communiquer les renseignements que vous jugerez utiles au but de vos Sociétés, en leur souhaitant toute sorte de succès.

Votre très affectionné, CHARLES JEAN.

SECTION DE L'INDE

Zanzibar (Mascate), 1er juillet 1839.

Monsieur le Secrétaire Général Fondateur.

J'adresse mes vœux au ciel pour que Dieu vous conserve en bonne santé et prospérité.

J'ai reçu la lettre que vous m'avez adressée avec le diplôme de Protecteur de la *Société Générale des Naufrages;* je comprends parfaitement la nature de votre institution, et ce sera toujours un bonheur pour moi de profiter de l'assistance divine pour protéger et secourir par tous les moyens possibles les marins de toutes les nations qui viendraient à naufrager dans l'étendue de mes États.

Adressez-moi toutes les demandes quelconques relatives à cet objet, et vous me trouverez toujours disposé à les accueillir avec le plus grand plaisir.

Votre affectionné, SEYED SAIED BEN, SULTAN.

SECTION DE ROME

Rome, 18 novembre 1839.

Monsieur Godde de Liancourt, Secrétaire Général Fondateur,

Je suis très flatté de l'honneur que vous m'avez fait en me chargeant, par votre lettre du 8 octobre dernier, de déposer aux pieds du trône de Sa Majesté, votre rapport imprimé sur la *conversion des armes de guerre au moyen du sauvetage.*

Je puis vous assurer que *Sa Sainteté* a agréé avec bien du plaisir l'hommage du rapport et qu'elle apprécie beaucoup tous les bienfaits que la *Société charitable des Naufrages* est appelée à rendre à l'humanité.

Je vous remercie particulièrement, monsieur le Secrétaire Général, de votre amabilité à mon égard, vous priant d'en recevoir mes plus vives actions de grâce.

Votre très affectionné,

A. D. Cardinal GAMBERINI, Ministre d'État de l'Intérieur.

SECTION DE WURTEMBERG

Stuttgard, le 26 novembre 1839.

Monsieur le maréchal marquis de Grouchy,

C'est avec bien du plaisir que j'ai reçu la lettre que vous m'avez adressée en date du 6 de ce mois, et avec laquelle vous m'avez fait parvenir un exemplaire du journal de l'année 1838 de la *Société générale des Naufrages, dans l'intérêt de toutes les Nations.* En vous témoignant toute ma reconnaissance pour cette aimable attention de votre part, et en appréciant parfaitement l'utilité et le noble but de la Société que vous présidez, je saisis volontiers cette occasion pour vous donner l'assurance de mes sentiments les plus bienveillants.

Sur ce, je prie Dieu qu'il vous ait, Monsieur le maréchal marquis de Grouchy, en sa sainte garde.

Signé, GUILLAUME.

Par le roi, Le Secrétaire d'État, Signé VILLENAGEL.

SECTION DE PRUSSE

Monsieur le maréchal,

J'estime hautement les travaux et les vues infiniment philanthropiques des membres de la *Société Générale des Naufrages* que vous présidez, et j'espère que sous la protection de mon frère le prince HENRI de Prusse, ils seront appréciés dans l'étendue de mes États autant que par les autres nations de l'Europe.

L'envoi du rapport de M. GODDE DE LIANCOURT sur l'application de quelques armes de guerre au sauvetage des navires m'oblige particulièrement envers vous : *les idées qu'il renferme étant dignes, au plus haut degré, de toute l'attention des gouvernements.* Veuillez donc recevoir, en cette occasion, avec l'expression de toute ma reconnaissance, celle de la parfaite estime avec laquelle je suis, Monsieur le maréchal,

Votre très affectionné, FRÉDÉRIC-GUILLAUME

Berlin, le 18 décembre 1839.

Monsieur Godde de Liancourt,

J'ai lu avec la plus scrupuleuse attention votre travail sur la *conversion des armes de guerre en moyens de sauvetage,* et je me plais à

vous témoigner toute la satisfaction que cette lecture m'a fait
éprouver.

La *Société Générale des Naufrages* est la plus belle institution
philanthropique dont le siècle puisse se glorifier, et votre ouvrage, la
plus intéressante production de l'esprit dont l'humanité puisse tirer
parti.

Continuez, Monsieur, la noble tâche que vous avez entreprise et
comptez que mes vœux et ma protection ne vous abandonneront
jamais.

FRANÇOIS DE PAULE DE BOURBON.

Paris, ce 19 février 1840.

---

*A Monsieur Godde de Liancourt, Secrétaire Général de la Société
internationale de Sauvetage.*

Monsieur le Comte,

J'ai reçu avec plaisir la lettre que vous m'avez adressée conjointement à votre ouvrage sur la *conversion des armes de guerre en
moyens de salut*, et j'ai éprouvé une vive satisfaction en reconnaissant
dans ce travail ingénieux le zèle philanthropique qui vous anime.
Appréciant vos efforts pour le bien universel et les services signalés
qu'en qualité de *Fondateur* et de *Secrétaire Général de la Société internationale de Sauvetage* vous avez rendus à l'humanité, il m'a été
agréable de vous conférer, comme marque de mon estime, la croix
d'argent de chevalier de mon ordre royal du Sauveur.

Recevez, Monsieur, l'assurance de ma bienveillance toute particulière.

Athènes, le 22 mars — 3 avril 1840.   Signé OTHON.

SECTION I. ET R. DE TOSCANE

S. A. I. et R. le GRAND DUC de TOSCANE a daigné se faire
inscrire au nombre des *protecteurs* de la Société, dans le mois
d'octobre. En conséquence tous les ordres nécessaires à la fondation
d'une Section correspondante ont été transmis à Livourne où M. le
comte Larderel a été proclamé et reconnu président.

M. Godde de Liancourt est allé en personne, au mois de septembre 1840, conférer avec Son Altesse Impériale et Royale, qui dai-
gna lui donner audience, de tous les détails et les avantages d'un
service de sauvetage aujourd'hui réalisé.

EMPIRE DE RUSSIE

S. M. Nicolas Ier, Empereur de toutes les Russies, Roi de Pologne, a fait remettre à M. Godde de Liancourt par son ambassadeur près S. M. le Roi des Français, au mois de mars 1840, une bague en diamants du plus grand prix, comme témoignage de sa haute estime pour les travaux du Secrétaire Général Fondateur de la *Société internationale des Naufrages.*

SECTION ROYALE DE GRÈCE

A Monsieur le maréchal marquis de Grouchy, président de la Société internationale de Sauvetage.

Monsieur le Maréchal,

Une institution aussi philanthropique que la *Société internationale de Sauvetage,* dont vous êtes le digne Président, ne saurait manquer de m'inspirer le plus vif intérêt. C'est donc avec un véritable plaisir que j'accepte la proposition que vous m'avez faite de m'inscrire au nombre de ses *Protecteurs,* et j'éprouve une satisfaction d'autant plus grande à pouvoir contribuer à ses succès, que j'applaudis à la noble idée qui y domine de réunir par les sentiments de philanthropie les habitants des différentes contrées de notre globe. Puisse cette direction, qui n'a pour but que le bien des hommes indistinctement et de quelque pays qu'ils soient, se développer de plus en plus, direction qui pourrait même exercer une influence salutaire sur les relations politiques entre les différentes nations! Mon ministre de la Marine a déjà reçu les ordres nécessaires de seconder la formation d'une *commission* qui puisse se mettre en relation avec le *Conseil général de la Société,* et lui faire parvenir tous les renseignements qui peuvent entrer dans son but. Désirant, de plus, donner au généreux fondateur et Secrétaire Général de la Société, M. Cte-Ate Godde de Liancourt une marque de mon estime particulière, et en même temps vous prouver le cas que je fais de votre recommandation, je lui ai conféré la croix d'argent de chevalier de mon ordre royal du Sauveur.

Recevez, monsieur le Maréchal, les assurances de ma considération la plus distinguée.

Athènes, le 22 mars — 3 avril 1840.   Signé OTHON.

SECTION MEXICAINE

Au Prince Masséna, 1er Président d'Honneur.

La lettre que Votre Excellence m'a fait l'honneur de m'adresser le 29 novembre 1838, m'instruit que la Société Générale des Naufrages, dont Votre Excellence est le digne président, se propose d'appliquer ses moyens de sauvetage aux côtes du Mexique, et aussitôt qu'elle recevra l'autorisation nécessaire du gouvernement de cette république, elle dirigera un de ses agents, pour conclure un objet si important à l'humanité.

Je me mettrai d'accord avec la Société dès l'arrivée de l'agent général dont vous avez eu la bonté de me parler, pour arriver aux moyens d'encourager une institution dont l'intérêt de l'humanité est le but exclusif.

Je suis bien flatté de ma nomination honorable de protecteur d'une Société aussi philanthropique, et très reconnaissant par rapport aux idées que Votre Excellence s'est formée de mes sentiments pour le progrès des arts et des sciences qui tendent à resserrer les liens entre les nations éclairées.

Daignez agréer, etc.

Mexico, le 4 avril 1839.   ANASTH. BUSTAMANTE.

SECTION SARDE

Monsieur le maréchal de Grouchy,

J'ai reçu la lettre que vous avez bien voulu m'adresser, et j'ai lu avec une vraie satisfaction celle par laquelle Mgr l'évêque d'Alger vous a donné la nouvelle du rachat des naufragés, qu'il a délivrés de l'esclavage, et qui ont dû ainsi la liberté et la vie à ce digne prélat. J'avais déjà appris avec beaucoup d'intérêt, la fondation de la bienfaisante association dont la présidence vous est dignement confiée, mais cet intérêt vient de s'accroître encore de tout celui que commandent les services qu'elle a rendus récemment en Afrique; et j'ai pris une part d'autant plus vive à la nouvelle de ce bienfait, qu'il a été partagé par quelques-uns de mes sujets.

En vous exprimant ces sentiments, Monsieur le marquis, il m'est bien agréable de vous assurer de mon estime, et en même temps, je prie Dieu qu'il vous ait en sa sainte garde.

Raconis, ce 15 juillet 1841.   Signé C. ALBERT.

SECTION D'ALGER

Monseigneur l'évêque d'Alger à Monsieur Godde de Liancourt, Secrétaire Général.

Alger, 14 juin 1844.

Mon excellent ami,

Puisque vous me permettez de vous appeler à toujours de ce nom, qui résume à lui seul, de la plus douce et moins incomplète façon, les sentiments que je vous ai voués, j'aurais un vrai volume à vous écrire au sujet de vos dernières lettres, de vos envois, de notre œuvre qui m'est d'autant plus chère, qu'elle est encore moins comprise. C'est pourtant impossible aujourd'hui, où il me faut adresser au roi un Mémoire fort grave sur mes échanges et dernières relations avec l'Emir et ses Arabes; et aux différents ministères, toutes sortes de lettres. Mais, je vous promets que ce sera bientôt, par le prochain courrier, si c'est possible... Je veux suivre votre excellente idée, et publier un Mandement qui pourra avoir quelque retentissement au loin.

Grâce à Dieu! dans ce merveilleux échange, j'ai rendu la liberté, la vie à un certain nombre de marins tombés au pouvoir des Kabyles ou des Arabes, à la suite des divers naufrages; notamment au cap Matifoux et aux environs de Cherchell; et, en ce moment même, j'attends le retour du capitaine d'un bâtiment de commerce jeté à la côte, et qui doit m'être rendu avec le capitaine Morisot du 3e léger. La plupart des naufragés étaient Sardes et Toscans, étrangers enfin; quelques Français parmi lesquels un négociant d'Alger, fort intéressant, avaient été capturés en même temps.

Adieu, adieu déjà... je suis presque émerveillé d'avoir pu vous écrire ces quelques lignes si pressées; qu'elles aillent vite vers vous, vous porter le nouvel hommage de tous mes sentiments les plus respectueux, les plus reconnaissants, les plus affectueusement et irrévocablement dévoués.

Le président de la société centrale d'Alger,

Ev. D'ALGER.

CHAPITRE III

Pendant la période des années qui suivirent de 1842 à 1853, la fluctuation politique entrava pour beaucoup dans son essor la marche de la Société; les recettes comme souscription furent très difficiles à percevoir, les dons devinrent de plus en plus rares, il fallut de nouveaux efforts et toute l'énergie de ces hommes de fer pour réagir contre cet engourdissement. C'est vers cette époque que la présidence fut confiée à M. Guérin de Tencin, qui s'était illustré par plus d'une centaine de sauvetages; le choix de ce président ramena la confiance, mais certaines difficultés qui survinrent nécessitèrent la transformation de la Société.

Dans la séance du 10 juin 1851, M. le comte de Lyonne, président, fait part à la Société de la perte qu'elle vient de faire par le décès de M. Laroche, chevalier de la Légion d'honneur. Ce sociétaire avait à son actif plus de 60 sauvetages; il habitait Melun; on l'avait surnommé dort debout, parce qu'il était toujours aux aguets; on le rencontrait à toute heure de jour ou de nuit; la Ville lui avait assuré pour ses vieux jours un logement à titre de reconnaissance.

Le 7 juin 1853, la Société fut de nouveau approuvée par le gouvernement dans les modifications qu'elle apporta à ses statuts.

Le 26 avril 1856, une réunion générale eut lieu à Valentino, rue Saint-Honoré, Paris; les sièges qu'a occupés successivement la Société n'ont pu être précisés d'une manière bien définie; elle a résidé rue Saint-Honoré, 342, puis rue Neuve-des-Mathurins, 31, puis rue du Cherche-Midi, 104, quelque temps boulevard des Italiens, et s'est enfin définitivement fixée rue Monsieur-le-Prince, 60, où elle est actuellement. Il faudrait plusieurs volumes pour énumérer tous les noms des membres du Conseil d'administration de la Société qui, par leur valeur et leur encouragement, ont honoré l'œuvre à laquelle ils se sont dévoués : MM. Courtellemont, Edmond Rigo, Bicheron, Constant Triat, marquis de Planty, colonel Laborde, général Lopez, Flambard, Bory des Renaude, Duchesne, de Chateauneuf, Faivre, Fagret, Leclerc, Saylert et Cornio.

La santé de M. le président Guérin de Tencin ne lui permettant plus de suivre les intérêts de la Société, la présidence fut confiée par un décret du gouvernement qui seul avait qualité pour nommer le président, à M. le comte de Lyonne, le 8 septembre 1856 ; à cette assemblée furent acceptés les statuts modifiés le 7 juin 1853, soumis le 11 août 1855 au ministre et adoptés par cette nouvelle assemblée au titre de Société des Sauveteurs de la Seine ; ou, pour mieux définir, la nouvelle attribution ou rôle de Société fut la création de la mutualité et des secours à donner entre les sauveteurs médaillés de la Seine et des départements ; elle conserva malgré tout la liberté de distribuer à sa fête annuelle des récompenses en écrins aux sauveteurs méritants.

Société de Secours Mutuels
DES
SAUVETEURS MÉDAILLÉS DU GOUVERNEMENT.

Autorisée par Son Excellence M. le Ministre de l'Intérieur.

———————

PRÉSIDENT

NOMMÉ PAR SA MAJESTÉ NAPOLÉON III, EMPEREUR DES FRANÇAIS.

M. GUÉRIN DE TENCIN,

342, rue Saint Honoré.

PRÉSIDENT D'HONNEUR : Colonel LABORDE,

Gouverneur du Palais du Luxembourg.

———————

CARTE D'ADMISSION ET D'IDENTITÉ.

———————

Signature du Sociétaire

Paris, le   185

Signature du Président nommé par l'Empereur :

Cette Carte n'est valable que pour une année.

STATUTS

DE LA

SOCIÉTÉ DES SAUVETEURS DE LA SEINE

CHAPITRE PREMIER

FORMATION ET BUT DE LA SOCIÉTÉ

ARTICLE PREMIER. — Une Société est formée sous le titre de : *Société des Sauveteurs de la Seine.*

Le siège de la Société est établi à Paris.

ART. 2. — La Société a pour but :

1° De donner les soins du médecin et des médicaments aux sociétaires malades;

2° De leur allouer une indemnité pendant le temps de leur maladie;

3° De pourvoir à leurs frais funéraires, sur la demande des familles;

4° D'accorder, en cas de décès d'un sociétaire, une indemnité, s'il y a lieu, à sa famille;

5° De constituer des pensions de retraite.

CHAPITRE II

COMPOSITION DE LA SOCIÉTÉ

ART. 3. — La Société se compose :

1° De membres titulaires ou participants, sauveteurs médaillés;

2° De membres honoraires perpétuels;

3° De membres honoraires.

ART. 4. — Les sauveteurs médaillés, sociétaires titulaires, sont ceux qui, après avoir souscrit l'engagement de se conformer aux présents Statuts, ont été admis par l'Assemblée générale et sur la proposition du Conseil en cette qualité, et qui, en conséquence, participent aux avantages assurés aux membres actifs.

ART. 5. — Les membres honoraires perpétuels et les membres honoraires sont ceux qui, par leur influence personnelle, leurs conseils, dons, legs et souscriptions, contribuent à l'honneur et à la prospérité de la Société, sans participer aux avantages matériels assurés aux membres titulaires.

ART. 6. — Le nombre des sociétaires titulaires ou membres participants ne pourra excéder mille; ce nombre pourra être augmenté en vertu d'une autorisation ministérielle.

ART. 7. — Le nombre des membres désignés dans les paragraphes 2 et 3 de l'article 3 est illimité, sans condition d'âge ni de résidence.

CHAPITRE III

CONDITIONS ET MODE D'ADMISSION ET D'EXCLUSION

ART. 8. — Les sociétaires titulaires sont admis en assemblée générale

4

sur la proposition du Conseil administratif, sans discussion, au scrutin secret et à la majorité des voix.

Dans l'intervalle des assemblées générales, le Conseil administratif peut admettre provisoirement à la qualité de membre titulaire et même autoriser le paiement de la cotisation, sauf restitution dans le cas où l'assemblée ne validerait pas l'admission.

Art. 9. — Les autres membres de la Société, à quelque titre que ce soit, sont définitivement admis par le Conseil administratif.

Art. 10. — Cessent de droit de faire partie de la Société ceux qui n'ont pas payé leurs cotisations depuis six mois, après une seule mise en demeure constatée, de les payer dans un seul délai de quinze jours, qui sera adressée, au nom du Conseil, par le Président de la Société.

L'exclusion est prononcée en assemblée générale, au scrutin secret, sans discussion, sur la proposition du Conseil administratif, présentée par le Président :

1° Pour condamnation afflictive ou infamante ;

2° Pour préjudice causé aux intérêts de la Société par manœuvres frauduleuses ou autres ;

3° Pour conduite déréglée et notoirement scandaleuse ;

4° Pour propos calomnieux ou diffamatoires pouvant porter atteinte à l'honneur de la Société ;

Art. 11. — La radiation et la démission ne donnent droit à aucun remboursement des sommes versées.

Toutefois les pensions accordées aux sociétaires radiés ou exclus leur restent acquises.

Art. 12. — Il peut être sursis par le Conseil administratif à l'application du § 1er de l'article 10, lorsqu'il est justifié que le retard du paiement de la cotisation est occasionné par des circonstances indépendantes de la volonté du sociétaire.

Art. 13. — Sauf le cas de condamnation par les tribunaux, emportant l'exclusion, le sociétaire dont l'exclusion est proposée sera invité à se présenter devant le Conseil administratif pour être entendu et se défendre sur les faits qui lui sont imputés ; s'il ne se présente pas au jour fixé, il sera passé outre et la décision du Conseil définitivement prononcée.

CHAPITRE IV

ADMINISTRATION DE LA SOCIÉTÉ

Art. 14. — L'administration de la Société est confiée à un bureau composé de vingt et un membres, savoir :

1 Président ;
2 Vice-Présidents ;
1 Secrétaire général ;
1 Trésorier ;
1 Secrétaire ;
15 Administrateurs.

Art. 15. — Le bureau administre la Société sous la dénomination de *Conseil administratif*.

Art. 16. — Le Président de la Société est nommé par la Société en Assemblée générale, pour cinq ans.

Art. 17. — Les autres membres du Conseil administratif sont nommés, en assemblée générale, à la majorité relative, et choisis parmi les membres participants et honoraires ; la durée de leurs fonctions est de trois ans.

ART. 18. — A sa première réunion, le Conseil choisit parmi ses membres à la majorité des voix :

2 Vice-Présidents ;
1 Secrétaire général ;
1 Trésorier ;
1 Secrétaire.

ART. 19. — Le Conseil se renouvelle par tiers, d'année en année ; la première année échue, le sort désignera le premier tiers sortant, et la deuxième année, il en sera de même pour le second tiers.

Les membres sortants sont rééligibles.

ART. 20. — Dans le cas où un membre du Conseil viendrait, pour un motif quelconque, à cesser ses fonctions avant l'expiration de ses pouvoirs, le Conseil devra se compléter provisoirement, et l'assemblée générale qui suivra procédera à l'élection définitive.

La nomination provisoire sera faite au scrutin secret et à la majorité des voix des membres présents du Conseil.

Le membre du Conseil, ainsi élu, sera remplacé à l'époque où l'aurait été son prédécesseur.

ART. 21. — Pour délibérer valablement, dix membres doivent être présents ; les délibérations sont prises à la majorité des voix ; en cas de partage, la voix du Président est prépondérante.

ART. 22. — En l'absence du Président et des Vices-Présidents, le Conseil est présidé par le plus âgé des membres présents.

CHAPITRE V

§ 1er. — Des attributions du Président, des Vice-Présidents et du Secrétaire général.

ART. 23. — Le Président a, de droit, la présidence de toutes les assemblées générales, des réunions du Conseil administratif et de toutes les commissions.

Il est le chef de la Société, il en surveille toutes les opérations et assure l'exécution des décisions du Conseil administratif.

Il maintient l'ordre et la bonne harmonie entre les membres et rappelle à leurs devoirs ceux qui s'en écartent ; il dirige et commande toute espèce de service ; il reçoit les déclarations de maladie ; il délivre des mandats de secours sur le certificat des médecins de la Société et le rapport du visiteur ; il signe les bons et les bordereaux de dépenses ; il nomme et révoque les employés ou agents salariés de la Société.

ART. 24. — Chaque année, le Président devra adresser à l'autorité supérieure le compte rendu des opérations de la Société, conformément à l'article 20 du décret du 26 mars 1852.

ART. 25. — Les Vice-Présidents suppléent le Président, en cas d'absence.

En cas de démission ou de décès du Président, le premier Vice-Président prend de droit l'administration de la Société pendant l'intérim de la présidence.

ART. 26. — Le Secrétaire général est chargé du Rapport, en assemblée générale, sur les belles actions.

Il contresigne les procès-verbaux des séances, les diplômes, toutes les décisions du Conseil administratif et les actes d'administration générale du Président.

En cas d'absence ou d'empêchement du Secrétaire général, il est suppléé par le Secrétaire ou un autre membre du Conseil.

§ II. — De la composition et des attributions de la Commission des finances.

ART. 27. — La Commission des finances se compose :

1° D'un Président, choisi parmi les membres du Conseil administratif et désigné chaque année par le Président de la Société ;

2° Du Trésorier, Vice-Président ;

3° De trois membres du Conseil ;

4° Et du Secrétaire de la Société ou d'un délégué faisant fonction de Secrétaire, sous l'autorité du Président de la Commission.

ART. 28. — La Commission des finances a, dans ses attributions, la perception des cotisations des membres de la Société, des recettes diverses, subventions, dons et legs qui pourraient être faits à la Société.

§ III. — Des attributions du Trésorier et des Collecteurs-Visiteurs.

ART. 29. — Le Trésorier reçoit toutes les sommes perçues, pour le compte de la Société, à quelque titre que ce soit, des membres titulaires, des membres honoraires, de personnes étrangères et du gouvernement, les dons, legs et subventions. Dans ce cas, il donnera quittance spéciale, détachée d'un livre à souche.

Il paie, à présentation, tous les mandats délivrés par le Président de la Société ou son délégué ; en cas d'absence ou d'empêchement, les mandats devront être dûment acquittés par les parties prenantes.

ART. 30. — Le Trésorier fait personnellement, comme délégué du Président ou par un agent régulièrement autorisé par celui-ci, les versements ou les retraits des fonds de la Société à la Caisse des dépôts et consignations.

ART. 31. — Le Trésorier est tenu de produire, à chaque séance du Conseil, l'état des valeurs dont il est détenteur, et de présenter, dans un rapport écrit, le bilan de la Société à chaque assemblée générale, ordinaire ou extraordinaire.

ART. 32. — Les Collecteurs, membres de la Société, sont à la fois Collecteurs et Visiteurs.

Ils sont nommés, sur la proposition du Président, par le Conseil administratif, pour une période de trois ans.

ART. 33. — Comme Collecteurs, ils sont tenus de percevoir des membres de la Société, dans leurs circonscriptions respectives, les droits d'admission, cotisations, dons et legs, et enfin de faire tout ce que peut exiger le service de la perception des sommes dues à la Société, à quelque titre que ce soit.

ART. 34. — Comme Visiteurs, ils ont pour mission d'aller voir les malades, de s'assurer que ceux-ci reçoivent exactement les visites du médecin et les médicaments prescrits ; de signaler au Conseil administratif tous les abus ou les infractions aux Statuts et règlement qu'ils auront pu remarquer pendant le cours de leurs visites ; enfin, de procurer, autant qu'il sera en eux, aux sociétaires malades, les soins et les consolations que comporte leur état.

Indépendamment des Collecteurs-Visiteurs, il sera nommé par le Président un visiteur général ; et, selon les besoins du service, des visiteurs spéciaux.

ART. 35. — Les manquements aux devoirs, que les fonctions de Visiteur imposent, donnent lieu à une amende de 2 francs, qui sera prononcée par le Conseil administratif sur le rapport du Président, et, s'il y a lieu, à la révocation même des fonctions de Collecteur-Visiteur.

§ IV. — *Des attributions du Secrétaire.*

ART. 36 — Le Secrétaire membre du Conseil administratif est chargé :

1° D'envoyer, sur l'ordre écrit du Président, les lettres de convocation pour toutes les assemblées générales et réunions du Conseil administratif ;

2° De rédiger les procès-verbaux des assemblées générales et des réunions du Conseil, qu'il signe conjointement avec le Président et le Secrétaire général ;

3° De la rédaction des diplômes et d'écrire aux candidats à la qualité de sociétaire, dans le cas de rejet de leur demande d'admission ;

4° De donner avis aux membres de la Société des décisions du Conseil qui prononceraient contre eux la peine de l'amende, de la radiation ou de l'exclusion.

CHAPITRE VI

AGENT COMPTABLE, EMPLOYÉS OU AGENTS SALARIÉS

ART. 37. — L'agent comptable et les employés ou agents salariés pourront être choisis en dehors des membres de la Société ; ils sont nommés et révoqués par le Président ; leurs fonctions seront définies par un règlement.

Leurs émoluments seront fixés par le Conseil administratif sur le rapport du Président.

CHAPITRE VII

ADMISSION DES SOCIÉTAIRES MEMBRES TITULAIRES

ART. 38. — L'âge pour être admis sociétaire titulaire est de 21 jusqu'à 50 ans.

ART. 39. — Nul ne peut avoir droit à son admission s'il n'a reçu du gouvernement une médaille d'honneur ou la croix de la Légion d'honneur pour faits de sauvetage, ou des gouvernements étrangers et des Sociétés de sauvetage mentionnées en l'article 52, ou s'il fait partie de plus de deux autres Sociétés de secours mutuels.

ART. 40. — Tout candidat réunissant les conditions énoncées aux articles précédents devra, en outre :

1° Être présenté par deux membres de la Société ;

2° Produire un certificat de moralité ;

3° Prouver qu'il a satisfait à la loi de recrutement ;

4° Enfin, qu'il n'est atteint d'aucune maladie chronique ou invétérée.

Tout sociétaire qui aurait dissimulé une maladie antérieure à son admission sera déchu de droit.

ART. 41. — Toute demande régulière d'admission est soumise par le Président au Conseil administratif, qui prononce l'admission provisoire ; l'admission définitive est faite par la Société, en assemblée générale, au scrutin secret, à la majorité des voix.

ART. 42. — Dans l'intervalle des assemblées générales, le Conseil administratif peut, conformément au 2° § de l'article 8, admettre provisoirement et autoriser le paiement de la cotisation, sauf restitution dans le cas où l'assemblée générale ne validerait pas l'admission.

ART. 43. — Le droit d'admission des membres titulaires participants est fixé à 20 francs.

ART. 44. — La cotisation des membres titulaires est fixée à 24 francs par an.

Toutefois, il est réservé aux membres titulaires la faculté de racheter le paiement annuel de leurs cotisations par un versement unique fixé à la somme de 400 francs.

ART. 45. — Les membres titulaires admis après 40 ans d'âge devront payer 48 francs par an.

ART. 46. — Les candidats, sauveteurs médaillés, ayant dépassé la limite d'âge, pourront, par décision spéciale du Conseil administratif, être admis par exception à la qualité de *membres titulaires non participants.*

ART. 47. — Les diplômes des membres titulaires et des autres membres de la Société, à quelque titre que ce soit, ainsi que l'insigne de la Société, sont délivrés gratuitement.

Les diplômes sont signés par :

Le Président de la Société;

Un des Vice-Présidents;

Le Secrétaire général ou un administrateur délégué et contre-signés par le Secrétaire.

ART. 48. — Tout sociétaire peut se retirer de la Société quand bon lui semble; mais il ne peut demander tout ou partie de ses cotisations ou versements, qui demeurent acquis à la Société. Il peut aussi être exclu par une décision du Conseil administratif, dans le cas prévu par l'article 10.

PRÉSIDENTS D'HONNEUR

MM.

Le Ministre de l'Intérieur ;

Le Ministre de la Guerre;

Le Ministre de la Marine;

Le Ministre de l'Instruction Publique et des Beaux-Arts ;

Le Ministre des Travaux Publics;

Le Ministre de l'Agriculture;

Le Ministre du Conseil d'État;

Le Président du Conseil d'Administration de la Société centrale de Sauvetage des Naufragés;

Le Président de la Société des Sauveteurs de la Seine.

VICE-PRÉSIDENTS D'HONNEUR

MM.

Le Préfet de la Seine;

Le Préfet de Police;

Le Colonel des Sapeurs-Pompiers de Paris ;

Huet, Directeur des Travaux de la Ville de Paris, 12, boulevard Raspail.

Diplôme de la Société des Sauveteurs de la Seine.

Vers cette époque, la préfecture fit placer sur les berges de la Seine et le canal de la Bastille aujourd'hui couvert, qui en ce temps-là avait un mouvement assez important de batellerie, des postes-sonneries, se composant de deux poteaux en bois, hauts de 4 mètres, avec arcs-boutants, au

Insigne de la Société des Sauveteurs de la Seine.
Ruban vert avec un liséré jaune sur les côtés.

milieu une forte cloche abritée par une petite toiture en planche recouverte de zinc; ces sonneries d'alarme furent placées aux endroits les plus fréquentés par le service de la batellerie : au port de Saint-Nicolas (Louvre) au port aux vins (Bercy), quai Saint-Bernard, près la passerelle de Constantine, pont suspendu en fil de fer démoli en 1872, au port d'Ivry et aux docks de La Villette. Ces cloches servirent à signaler les noyés, et ce tocsin signala même souvent les incendies ou les inondations fréquentes vers cette époque, cet appel d'alarme, d'un style matériel mis sous la surveillance des gardiens des ports, dont certains s'ingénièrent à les parer de petits jardinets coquettement arrangés à leurs pieds cachant ces lourds massifs par des petits arbrisseaux verts d'où émergeait la clochette, le

---

Société des Sauveteurs de la Seine

Créée en 1804
Reconnue d'Utilité publique en 1871

CARTE D'IDENTITÉ

N° ▓▓▓▓▓

M...

Membre...
Profession..
Né le...
A..
Dt à...

Le Président,

Le Secrétaire général,

Le Sociétaire,

---

volubilis et la capucine courant à qui s'élèverait le plus haut pour former une couronne civique à cette sentinelle protectrice. Ces appels disparurent vers 1878. En 1874, on commença à installer sur les berges seize petits kiosques dits postes d'ambulance disséminés sur tout le parcours de la Seine. Deux gardiens sont de service alternativement, se remplaçant de jour et de nuit; ce service est fait par des gardiens de la paix; ces postes de secours appartiennent à la Préfecture de police, ils sont très bien organisés, et rendent de bons et précieux services pour les noyades ou soins à donner sur la voie publique. Puis d'intelligents auxiliaires furent adjoints, en 1899, à une brigade spéciale d'agents désignés pour le service des fleuves (la Seine et les Canaux), je veux parler de ces bonnes et intelligentes bêtes, les chiens terre-neuve, dressés pour le secours immédiat. Cette organisation existe déjà en Angleterre depuis 1835, sous le contrôle et les ordres de la Société royale humaine de Londres, où il est fait mention du fameux chien de la Tamise qui a sauvé tant de monde, ainsi que celui qui existait à Paris place Maubert vers 1865, surnommé « Le terre-neuve de la Tournelle » qui était décoré de la Médaille de sauvetage.

Cette brigade a été créée sous le contrôle et la haute direction de M. Lépine, préfet de police, dont le dévouement à la cause du bien est sans limites ; jour et nuit partout où il y a danger, il est là, c'est le premier sauveteur de la Ville de Paris, elle peut en être fière, car elle lui doit beaucoup dans l'innovation des bienfaits humanitaires.

C'est vers 1800 que fut créée la prime de repêchage, que la préfecture donne à ceux qui retirent une personne de l'eau. A cette époque, la prime était vraiment bizarre et anormale ; elle consistait à payer le repêchage plus cher pour un mort que pour un vivant. Vous pouvez vous rendre compte et conclure combien la Seine et autres rives ont dû être témoins de la fabrication de victimes. L'industrie des coupe-bourse et autres écumeurs des fleuves après vous avoir volé et jeté à l'eau prélevaient encore sur votre cadavre une surenchère, la prime du repêchage de 25 francs. Cette taxe sur la mort dura de longues années, il serait curieux de connaître combien elle a rapporté à tous ces forbans qui le plus souvent se disputaient à qui serait le premier à saisir le cadavre. On était moins empressé pour un vivant, la prime ne rapportait que 15 fr., c'était presque un encouragement au crime. Cette prime

honteuse disparut sous le second Empire et la vie humaine
fut réglementée d'une façon plus logique ; il fut établi que
25 francs seraient accordés à toute personne retirée de
l'eau vivante ou dont la vie serait sauvée et 15 francs pour
un mort ou ne pouvant être rappelé à la vie ou bien un
cadavre repêché flottant, cela était plus logique et humanitaire. Vers cette époque, la Société se régénéra de nouveau
par des actes vraiment sublimes : on vit des hommes braver
la mort pour disputer aux flots et leur arracher des êtres
venus on ne sait d'où, qu'importe leur nationalité inconnue,
on ne les reverra peut-être jamais, le sauveteur ne voit
qu'un frère, il est en danger, il appelle, soit dans l'eau,
soit dans le feu, rien ne l'arrête, il court, il n'a qu'une
pensée, arriver à temps et le sauver. Tels furent certains
noms qui donnèrent un soleil de gloire à cette période de
la Société, les Dacheux, les Forget et Cornio sur nos côtes ;
à Paris, les Cagé, les Paillet, les Ferrand, Louis Brune, à
Rouen, qui a sa statue sur le port Hénin à Boulogne-sur-
Mer et beaucoup d'autres ; on voudrait tous les citer comme
ces sauveteurs pilotes qui périrent en portant secours à
une goélette jetée à la côte, près du port de Dunkerque,
le 29 février 1857 ; deux hommes, Selles et Bammaëler, y
trouvèrent la mort. L'année fut fatale pour ce port de
Dunkerque : le 7 juin 1857, le canot de sauvetage sortit
avec cinq hommes, quatre furent également noyés ; seul,
Gaspard Neutez, à grand'peine, put regagner la côte à la
nage. Que dire d'assez sublime pour démontrer la grandeur d'âme de ces cœurs de vrais sauveteurs qui affron-
tent la mort pour la fraternité. Ces lignes ou vers dédiés à
leur gloire trouveront leur place au milieu de ce récit :

> C'était au mois de juin
> Mil huit cent cinquante-sept.
> Par un ciel gris noir,
> Le vent chassait la lame,
> Déferlant sur le môle
> Et dans le port les barques
> Se brisaient l'une vers l'autre.
> Elles semblaient avoir peur

Du terrible ouragan
Qui les sommait au large,
Comme une proie au vent.
Tout à coup le canon
Jette son cri d'alarme.
Un brick est à la côte,
Il demande du secours.
Nos sauveteurs y répondent,
Comme ils faisaient toujours.
Ils sautent dans le canot,
Emportés par les flots,
Disparaissent dans l'abîme,
Reparaissent dans un nuage,
Brisant les avirons,
Sur les vagues qui font rage,
Arrivent enfin vainqueurs.
Puis, jetant le lasset,
Un cri : « Nous sommes sauvés ! »
Leur répond aussitôt.
Mais eux venaient d'entrer
Pour toujours au tombeau.
Les larmes et les veilles,
Et les jours sans espoir,
Tout était bien fini,
Nul devait les revoir.

Louis Journaux.

La première fête donnée par la Société eut lieu le 7 juin 1857, salle Saint-Jean, à l'Hôtel de Ville de Paris ; la totalité des membres à cette date était de 348 sociétaires. Il fut décidé que cette fête se renouvellerait chaque année en invitant toutes les sociétés de province à y prendre part. La Société des Sauveteurs de la Seine se trouva donc à cette date constituée d'une manière positive et depuis elle n'a pas un instant arrêté sa marche, telle elle est encore en ce jour. C'est donc depuis cette première fête solennelle et à cette date qu'elle renouvelle chaque année la messe consacrée à la mémoire de ses membres décédés dans le courant de l'année; cette cérémonie a été instituée par Mgr Sibour, archevêque de Paris.

Ces solennités annuelles se succédèrent; la seconde

eut lieu le 10 juin 1858, salle Saint-Jean, Hôtel de Ville ;
l'association comptait cette année-là 634 sociétaires. Puis,
dans la séance du 5 juin 1859, le président, M. le comte de
Lyonne, fait connaître à l'assemblée que M. le ministre a
approuvé la modification adjointe aux statuts, par laquelle
les femmes peuvent être admises à faire partie de la Société
au même titre que les hommes, comme sociétaires titulaires.

Le 8 juillet 1860, dans son discours, M. le président
comte de Lyonne convie toutes les sociétés de France et
de l'étranger à un grand congrès dont les bases seront
étudiées ultérieurement.

Vinrent les années 1862, 1863, 1864, elles se suivirent
sans qu'il y ait à signaler de faits qui soient intéressants ou
remarquables. La marche de la Société fut maintenue dans
un état assez prospère, toujours sous la présidence de M. le
comte de Lyonne ; les membres bienfaiteurs furent assez
nombreux et certains s'intéressèrent à la formation de la
caisse de retraite ; les uns firent des dons en espèces, d'autres constituèrent des prix ou récompenses consistant en
médailles d'or et d'argent. Puis vinrent se grouper, appui
puissant, plusieurs monarques : le roi des Belges, le roi
de Danemark et des princes étrangers se firent honneur
d'offrir leur patronage à cette noble institution ; des
ministres, des consuls et autres diplomates français s'intéressèrent à la cause du sauvetage.

On se demande pourquoi la Société a changé successivement de nom ; aucun rapport n'en fait mention. Il faut
supposer que sa situation au cœur de la capitale lui faisait
un devoir de laisser à sa fille aînée, la Société centrale
des Naufragés, son autonomie et sa force vitale ; elle
comprit qu'en se solidarisant dans un but tout fraternel,
elle protégerait ces vaillants soldats de l'humanité, braves
honteux, pauvres et fiers, donnant leur vie sans rançon,
et si parfois le gouvernement daignait les signaler à la
reconnaissance publique, en leur attachant sur la poitrine
l'insigne du courage, c'était après bien des années d'épreuves
et souvent au seuil de la tombe. Elle voulut que ces oubliés

de la fortune aient le droit à une petite part dans la lutte pour la vie; voilà pourquoi elle se constitua en société de secours mutuels entre les sauveteurs, avec caisse de retraite.

Revenons en arrière. Elle avait laissé disséminés sur les côtes de nombreux prosélytes; la renommée sonna leurs hauts faits; on ne pouvait faire abandon de ces postes avancés, sentinelles fidèles au devoir; c'est alors que se reforma en un corps d'élite, le 17 novembre 1865, la Société centrale des naufragés, fille aînée de la Société des Sauveteurs de France, placée de suite sous le contrôle de l'État. Elle fut reconnue la même année et reçut le sacre de l'investiture d'utilité publique (1865).

Placée directement sous le patronage du ministre de la Marine, elle eut pour berceau l'immense ceinture du littoral et pour école l'océan; ces fils de la mer ont pour maître le péril et pour récompense la modestie. Voilà pourquoi ils ont droit à la première place et sont l'exemple vivant qui figure en première ligne; suivons-les dans leurs nobles exemples, imitons-les dans le courage et leur fière hardiesse, ce sont nos frères de la côte; la Société des Sauveteurs de France venait donc d'accomplir une partie de sa tâche. Ce fut vers cette époque, 1865, que l'empereur Napoléon III consacra la médaille unique de sauvetage avec le ruban tricolore, il ne pouvait se porter sans la médaille. Elle fut nommé la croix du peuple, et la seule médaille officielle. Par un décret rendu vers 1871, le port du ruban fut autorisé sans la médaille.

En 1865, l'Angleterre, elle aussi, prit en haut prestige ses sociétés de sauvetage. Aussi, pour encourager cette noble émulation inspirée par la France, la reine Victoria institua une décoration officielle pour récompenser tous ceux qui auraient exposé leur vie pour un acte de sauvetage; elle porte le nom de médaille d'Albert. Cette distinction est de forme ovale, énémail bleu foncé : au milieu, les lettres monogrammes entrelacées V. A. (Victoria, Albert); au centre, une ancre incrustée or, qu'entoure l'exergue suivant : *For galantry in saving life at sea* (pour bravoure en sauvant la vie en mer); au-dessus, la couronne du prince. Cette décoration est celle qui se porte de nos jours; elle est suspendue à un ruban bleu foncé avec raies blanches longitudinales; on ajoute un chevron pour chaque nouvel acte que le titulaire a accompli et, pour élever la considération qui s'attache à cette haute distinction, il a été décrété que tout titulaire qui commettrait une action déshonorante serait rayé pour toujours du port de cette médaille.

Le roi de Danemark créa également à cette époque une médaille honorifique pour récompenser les actes de sauvetage; puis S. M. Léopold II, roi des Belges, suivit la France dans la création d'une médaille de sauvetage similaire à la nôtre, un peu plus forte et plus grande de module; elle est suspendue par un ruban aux couleurs nationales, noir, jaune et rouge; toutes les nations du reste ont créé cette récompense honorifique des braves, voire même la Chine, qui, à l'Exposition de 1900, a remis cette distinction, qui est peut-être la seule en France, à un de nos braves gardiens de la paix.

Le 18 décembre 1865, l'assemblée eut lieu salle Saint-Jean, à l'Hôtel de Ville; elle fut présidée pour la dernière fois par M. le comte de Lyonne, qui, quelque temps après, était enlevé à l'affection de tous par une maladie qui le guettait depuis longtemps.

Le 27 octobre 1867, le premier vice-président, M. Androuet du Cerceau, qui remplissait cette tâche depuis l'année 1856, ouvre la séance et donne lecture du décret ministériel du 30 novembre 1867, qui nomme à la présidence M. Lézeret de La Maurinie qui prit la direction le 29 novembre 1868.

L'assemblée générale se réunit salle Saint-Jean, à l'Hôtel de Ville, sous la présidence de hauts dignitaires et la direction de M. Lézeret de La Maurinie. Après le compte rendu de la situation de la Société, il est donné lecture du palmarès décernant de nombreuses récompenses.

Le 3 juillet 1869, séance solennelle au Palais de l'Industrie, sous la présidence de M. Lézeret de La Maurinie,

où un grand nombre de présidents représentent les sociétés
de province. A cette séance figure pour la première fois
le drapeau déployé de la Société des Sauveteurs de la
Seine, don qu'elle vient de recevoir des mains du prince
impérial; puis dans cette séance il est formulé un vœu
pour la fondation d'un hôtel d'invalides ou maison de retraite pour les sauveurs médaillés. Le président faisait également connaître que M. le comte de Charleville, membre
d'honneur de la Société, espérait pouvoir donner bientôt
le terrain où s'élèverait bientôt l'hôtel des invalides du
sauvetage. Hélas! cette offrande, cette sublime pensée n'est
pas encore réalisée de nos jours.

Le 28 octobre 1870, à 9 heures du matin, les membres
de la Société des Sauveteurs de la Seine présents à Paris
se réuniront extraordinairement à la Sorbonne, salle Gerson, sous la présidence de M. Lézeret de La Maurinie, qui
ouvre la séance par une touchante allocution; faisant
allusion à la défense du territoire, il déclare que la Société
des Sauveteurs ne peut rester étrangère à cette grande
cause et propose la formation d'un bataillon de 600 hommes,
contingent des Sauveteurs de la Seine à même d'être
armés pour la défense, et espère qu'ils seront accepté
par le ministre de la Guerre; puis il fait connaître qu'un
décret paru le matin à l'*Officiel* donne à chaque société
de secours mutuels la liberté de choisir et d'élire elle-
même son président. M. Lézeret de La Maurinie regarde
donc son mandat comme terminé, ainsi que celui des
membres du Conseil. Vu la situation de l'investissement de
Paris, les élections ne peuvent être que provisoires. Aussitôt les relations rétablies avec la province, la Société tout
entière devra dans les trois mois être convoquée pour élire
un nouveau conseil dont la durée sera de trois ans. Un
vif mouvement de sympathie accueillit l'ensemble de ces
déclarations, l'assemblée tout entière se leva et à l'unanimité proclama à nouveau son ancien président. Les membres composant le Conseil furent réélus tous d'ensemble et,
comme toujours depuis 1845, notre doyen Jules Delarue

fut réélu comme par le passé à l'inamovibilité. Puis le
président fit savoir qu'il espérait que ces efforts seraient
couronnés de succès et que la reconnaissance de la Société
comme étant d'utilité publique ne tarderait pas à se réaliser.
Ensuite, faisant le tableau de la situation des armées ennemies qui enlaçaient la France, il engagea tous les sauveteurs
à faire leur devoir, confiant que tous se rangeraient pour
la défense de la patrie.

CHAPITRE IV

SIÈGE DE PARIS

Ceux qui ont passé le Siège à Paris n'oublieront jamais cet immense camp retranché que formait la capitale de la France. Tout le monde était transformé en défenseurs du territoire. Les sauveteurs avaient donc leur place toute désignée, la place d'honneur. Suivant leurs aptitudes, les compagnies formées et armées furent divisées de la sorte : une compagnie garda les ministères, une autre fournit une équipe qui renforça le génie comme pontonniers et mariniers, la troisième contribua avec les pompiers à l'extinction des incendies allumés par le bombardement; tous se signalèrent et rivalisèrent de courage; et après l'investissement, lorsqu'on fit l'appel, plus d'un ne répondit pas, ils avaient payé à la France la dette du sang.

Les sauveteurs peuvent être fiers des hommes qui étaient à leur tête : M. le commandant Lézeret de La Maurinie fut, après la guerre, nommé officier de la Légion d'honneur pour services rendus; notre doyen et camarade, Jules Delarue, fut nommé adjudant pendant la campagne, porté plusieurs fois à l'ordre du jour et reçut la médaille militaire, de même que le sous-lieutenant Étienne de La Porte, le fils du sympathique président, Marie-Julie-Victor Lézeret de La Maurinie, lieutenant, reçurent pour les mêmes faits la médaille militaire; et d'autres non moins méritants furent dans la suite, pour faits de guerre se rattachant à la campagne 1870-1871, décorés de la Légion d'honneur. Citons M. Burgue et puis Philippe Goelzer qui reçut les palmes d'officier d'Académie; à ce dernier, la Société doit une large part de sa prospérité dans les années qui vont suivre.

Le 5 novembre 1871, réunion de l'assemblée générale sous la présidence de M. Lézeret de La Maurinie qui, après une courte allocution, fait connaître à l'assemblée que, suivant les statuts et conformément à la réunion dernière du 28 octobre 1870, elle a le devoir de procéder à l'élection d'un président, dont le mandat aura une durée de cinq années, et de nommer le conseil composé de vingt membres qui doivent procéder à cette élection. On passe au vote pour nommer le conseil, une grande partie du conseil sortant est réélu. Puis il est procédé à la nomination d'un président; par acclamation et à l'unanimité, M. Lézeret de La Maurinie est réélu pour une durée de cinq années; puis la séance est levée aux cris de : Vive la France.

Le 18 mai 1872, réunion solennelle au Conservatoire des Arts et Métiers sous la présidence de M. Lézeret de La Maurinie qui, dans un chaleureux discours empreint d'une vive émotion, déplore nos malheureux désastres et la perte de ceux qui étaient naguère au milieu de nous; il adresse donc à tous ces valeureux et regrettés camarades un souvenir d'adieu, puis, associant tous les sauveteurs dans une même pensée de deuil et de reconnaissance fraternelle pour tous les citoyens qui sont morts pour la défense de la patrie, il remercie les sauveteurs de s'être montrés dignes de leur titre pendant cette néfaste et désastreuse campagne de 1870-1871; aussi ce dévouement est-il récompensé par le décret de M. le ministre de l'Intérieur du 20 décembre 1871 qui reconnaît la Société des Sauveteurs de la Seine, anciennement Société des Sauveteurs de France, comme étant d'utilité publique. Il est donné lecture du décret. Ce haut prestige est salué par de chaleureuses acclamations. Puis, le sympathique président engage les sociétaires à faire tous leurs efforts pour combler le vide de la caisse. Avant de clore la séance, un appel cordial et fraternel est adressé à toutes les sociétés de province qu'il espère voir venir, dans un temps le plus rapproché possible, se grouper en une grande fédération des sauveteurs de France.

DÉCRET

Versailles, le 20 décembre 1871.

Le Président de la République française,

Sur le rapport du Ministre de l'Intérieur,

Vu la loi du 15 juillet 1850, relative aux Sociétés de secours mutuels;

Vu le décret du 14 juin 1851, portant règlement d'administration publique sur lesdites Sociétés;

Vu le décret du 26 mars 1852;

La Commission provisoire chargée de remplacer le Conseil d'État entendue,

Décrète :

ARTICLE PREMIER. — La Société de Secours mutuels des Sauveteurs de la Seine, établie à Paris (Seine), et approuvée par arrêté ministériel du 7 juin 1853, est reconnue comme établissement d'utilité publique.

ART. 2. — Sont approuvés les Statuts de cette Société tels qu'ils sont annexés au présent décret.

ART. 3. — La Société devra transmettre tous les ans au Ministre de l'Intérieur, dans les formes et aux époques qui lui seront indiquées, un résumé de ses opérations et un état de sa situation.

ART. 4. — L'autorisation accordée par l'article 1er sera révoquée en cas d'inexécution ou de violation des lois et règlements du présent décret ou des Statuts.

ART. 5. — Le Ministre de l'Intérieur est chargé de l'exécution du présent décret.

Fait à Versailles, le 20 décembre 1871.

Signé : A. THIERS.

Le Ministre de l'Intérieur,
Signé : CASIMIR PERIER.

Pour ampliation :
Le Directeur du Secrétariat et de la Comptabilité,
Signé : F. NORMAND.

Le 21 juin 1873, assemblée solennelle sous la présidence de M. Lézeret de La Maurinie qui ouvre la séance
par une de ces allocutions dont il a le secret, faisant ressortir que grâce au courage et à l'énergie de ceux qui
dirigent les destinées de la France, l'horizon si sombre
s'est éclairci, et que l'espoir de la libération du territoire
va bientôt se réaliser; puis il donne la parole au secrétaire général pour le compte rendu du palmarès très brillant. Au cours de cette séance, il est fait remise d'un buste
en plâtre représentant fidèlement les traits du président
M. Lézeret de La Maurinie. M. Androuet du Cerceaux,
premier vice-président, en fait hommage à M. le président
au nom de la Société tout entière. Ce buste figure actuellement au siège de la Société, rue Monsieur-le-Prince, 60.

Le 9 août 1874, la réunion eut lieu à la Sorbonne, salle
Gerson, sous la présidence de M. Androuet du Cerceaux,
premier vice-président, qui ouvre la séance avec le vif
regret d'être obligé de faire connaître à l'assemblée que,
vu l'état de santé de M. Lézeret de La Maurinie, ce dernier
prie l'assemblée de pourvoir à son remplacement et d'accepter sa démission. Le vice-président fait également
connaître que des démarches ont été faites auprès de
M. le duc de Fitz-James, qui accepte; il est alors procédé
à l'élection qui a lieu par acclamation et à l'unanimité.
M. le duc de Fitz-James est nommé président de la Société
des Sauveteurs de la Seine en remplacement de M. Lézeret de La Maurinie. Le nouveau président remercie la
Société tout entière, l'assure de son entier dévouement,
puis, prenant place au fauteuil, donne la parole au secrétaire général qui retrace la valeur et les mérites du long
palmarès et des différentes inventions d'appareils de sauvetage soumis au Conseil pour être expérimentés.

Assemblée solennelle le 17 juillet 1875, sous la présidence de M. le duc de Fitz-James. Rien de bien remar-
quable, si ce n'est la distribution de nombreuses récompenses.

Le 24 juillet 1876, l'assemblée générale eut lieu à la

Sorbonne dans le grand amphithéâtre ; le président donne lecture et communication du dépôt des statuts d'un groupement des sociétés générales de sauvetage de France.

Le 5 septembre 1877, la réunion annuelle eut lieu à la Sorbonne sous la présidence de M. le duc de Fitz-James. Le matin, comme toujours, grand'messe à Notre-Dame ; puis, à 2 heures, distribution des récompenses toujours très nombreuses.

Le 29 juillet 1878, réunion annuelle à Notre-Dame, puis, à 2 heures, à l'amphithéâtre des Arts et Métiers. Cette séance nous révèle pour la première fois le nom de M. Ferdinand Molina, qui venait d'être nommé trésorier de la Société des Sauveteurs de la Seine ; depuis cette date, nous le retrouvons collaborant à la prospérité de la Société, et plus tard comme un des zélés fondateurs de la Société française de sauvetage.

Le 28 octobre 1878, assemblée générale sous la présidence de M. le duc de Fitz-James. Lecture est donnée du rapport concernant la revision des statuts, article 57. Sur ce paragraphe, une discussion assez vive s'engage entre les membres du Conseil sur cette proposition qui n'est autre que de supprimer les journées de maladies ; le Conseil proteste ; le rapporteur, M. Bouffard, ne peut continuer la lecture de son rapport et l'article est énergiquement repoussé. Le président et le bureau étant en désaccord, la discussion ne peut avoir lieu et la question reste dans le *statu quo*. L'ordre du jour mentionnait le renouvellement du tiers des membres du Conseil sortant ; il y eut deux listes, l'une comprenant 10 candidats, l'autre 6. Le vote donna le résultat suivant : sur 131 votants, M. Philippe Goelzer père obtint 129, M. Molina 128, M. Sabatier 117, M. Plastel 112, M. Paz 84, M. Richel 83, M. Androuet du Cerceaux, vice-président, 45, M. Wuillermedunand, 45, M. Philippe Alfred 17, M. Delanarde 13. J'ai tenu à donner ce résultat qui fait bien ressortir combien, même chez des hommes qui ont le cœur et la pensée pour le bien, il se glisse parfois un sentiment d'oubli dont l'égoïsme s'empare

pour marquer d'ingratitude des noms qui devraient rester
à jamais dans le cœur des sauveteurs. Ces hommes qui
avaient maintenu la gloire de la Société des Sauveteurs,
ce sont M. le premier vice-président Androuet du Cerceaux,
puis M. Wuillermedunand, secrétaire général; le premier
qui n'avait cessé de donner pendant vingt-deux années son
concours en toute circonstance pour le bien et la marche
de la Société, le second presque autant dans son zèle
au devoir.

Voilà donc, pour la première fois depuis un siècle,
l'union troublée au sein du Conseil. Cette désunion eut
pour répercussion la révolte de certains esprits, jaloux
d'une gloire qu'ils ne pouvaient atteindre. Joint à l'orgueil
de quelques ambitieux qui, pour se créer une châtel-
lenie ou un tremplin politique, profitèrent de ce désaccord
pour déserter, ce manque d'entente leur donna l'audace
d'entraver la marche de la Société à leur profit. La fédération qui était très avancée fut presque anéantie; ils en
profitèrent pour la désorganiser, et c'est ainsi que se créèrent dans la suite toutes ces petites sociétés éparses et
individuelles. Ces personnalités, après avoir renié tous
les bienfaits dont elles avaient été comblées, groupèrent des
escouades pour leur propre gloire sans mérite. Mais les
hommes de cœur et d'action, les véritables sauveteurs,
ceux-là ne connaissent pas la désertion. La Société, pour
eux, c'est toujours le vieux berceau, ce temple du courage,
ce sanctuaire qui garde et conserve les mânes des ancêtres qui ont donné à la France tous ces cœurs braves et
généreux qui sont fiers d'être ses enfants.

Le 8 décembre 1878, l'assemblée se réunit de nouveau
sous la présidence de son premier vice-président, M. Phi-
lippe Goelzer, remplissant les fonctions de président.
Étaient présents MM. Burgues, deuxième vice-président;
Goelzer fils, secrétaire général; Molina, trésorier; Hus-
senot, secrétaire du Conseil; puis les membres du Conseil,
MM. Jules Delarue, le docteur de Beauvais, médecin,
Platel, Bodson, Bonne, Richel, etc.

M. Goelzer prend place au fauteuil de la présidence en faisant un résumé de l'importance de la dernière séance du 28 octobre, puis donne lecture des démissions qui lui ont été adressées : MM. le duc de Fitz-James, président; Androuet du Cerceaux, premier vice-président; Wuillermedunand, secrétaire général; Dr Boyer, médecin en chef; Bosquet et Tabouret, membres du Conseil; ces démissions sont acceptées sans réserve par l'assemblée. Puis M. Goelzer, faisant fonction de président, présente à l'assemblée, pour président de la Société des Sauveteurs de la Seine, M. Turquet, chevalier de la Légion d'honneur, député de l'Aisne; son élection est acclamée avec enthousiasme par l'assemblée tout entière, puis la séance est levée.

Le 16 décembre 1878, le Conseil se réunit à nouveau sous la présidence de M. Philippe Goelzer père; lecture est faite du procès-verbal de la dernière séance du 8 décembre 1878, dans laquelle M. Edmond Turquet a été acclamé président de la Société; après de bienveillantes paroles de félicitation, M. Goelzer, président par intérim, cède le fauteuil à M. Edmond Turquet. Le nouveau président, M. Edmond Turquet, dans une courte allocution remplie des meilleurs sentiments, assure à la Société que son concours lui est entièrement acquis, puis présente comme présidents d'honneur à la Société : MM. l'amiral Pothuau, ministre de la Marine; Waddington, ministre des Affaires étrangères; de Marcère, ministre de l'Intérieur; Bardoux, ministre de l'Instruction publique; puis, comme vice-président d'honneur, M. Anatole de La Forge, directeur de la presse au ministère de l'Intérieur. Ces hautes personnalités sont admises à l'unanimité par l'assemblée.

Le 12 janvier 1879, la Société des Sauveteurs de la Seine se réunit à la Sorbonne sous la présidence de M. Edmond Turquet, son nouveau président; M. Burgues, MM. Goelzer fils, Molina, Hussenot, le docteur de Beauvais, Jules Delarue, Bodson, Treyon, Bonne, membres du Conseil. M. Burgues fait connaître à l'assemblée le résultat de sa mission près de M. le ministre de l'Intérieur qui lui a répondu par une lettre dont il donne lecture. Elle informe qu'une médaille d'argent de deuxième classe est décernée à M. Edmond Turquet, président de la Société des Sauveteurs de la Seine, pour avoir en 1859 sauvé une femme qui était sur le point de se noyer, puis exposé sa vie pour sauver le général Chanzy qui allait être pris par les insurgés en 1871. M. Richel, rappelant les liens qui l'unissent à notre honoré président, réclame de l'assemblée l'honneur de lui attacher sur la poitrine cette médaille des braves. M. Burgues venant lui-même de recevoir cette récompense, les membres, se levant tous, acclament le président et M. Burgues, membre titulaire de la Société. Le président, dans un langage vif et éloquent, remercie la Société et l'assemblée tout entière de sa sympathie, puis, dans une allocution toute démonstrative, fait entrevoir la nécessité d'une organisation nouvelle du sauvetage actif; il fait ressortir que la Société des Sauveteurs de la Seine n'a pas le caractère de la Société de sauvetage; elle est, dans son essence même, société de secours mutuels et les individualités qui la composent sont des sauveteurs qui n'ont, par le fait, que des attributions personnelles. Il s'agit de greffer sur la Société des Sauveteurs de la Seine une grande société qui aurait pour mission de porter secours aux noyés, aux inondés, aux victimes dans les cas d'incendie ou d'épidémie et autres accidents de toute nature, sur tout le territoire français; de propager les principes et moyens de sauvegarder l'existence des personnes, ainsi qu'elle était anciennement; d'étudier toute cause pouvant atténuer les sinistres et en diminuer le nombre. Pour atteindre ce but, elle devra se mettre en rapport avec les nombreuses sociétés existant déjà sur quelques points du territoire.

Cette pensée avait déjà été émise par M. Lézeret de La Maurinie; elle devait grandir dans une société comptant comme une phalange de sans-peur des hommes qui sont également sans reproche; ils avaient compris que leur tâche était incomplète : la lutte restait permanente avec la

nature dans ses convulsions successives ou dans ses cata-
clysmes, qu'ils viennent de la terre, des grands ou des
petits fleuves, même de cette voûte céleste illuminée comme
pour une fête et qui un instant après couvre les villes et
les villages de boue ou de flammes. L'humanité même
préside à ces forfaits, aidant la mort dans sa sinistre
besogne; la main d'un criminel rougit la terre de sang ou
bien, brandissant le tison, allume le brasier de la ruine et
du néant; la négligence même s'est faite l'insouciante
cause de bien des maux, et aussi ce fantôme, la vengeance,
qui se cache comme sous un voile pour commettre son
hideux carnage.

C'est alors que les hommes armés de leur courage, le
cœur rempli de cette bravoure qui dicte sa volonté, font
un rempart de leur corps à d'autres, un bouclier de leurs
forces ou bien un radeau de leurs membres; tout cela, la
Société des Sauveteurs de France l'avait entrevu; elle
comprit que le littoral de la métropole était dans bien des
endroits sans soutien. Il y a bien, il est vrai, des sociétés
de province fort nombreuses; plusieurs grandes villes de
France peuvent revendiquer l'ancienneté de leur société,
comme Lyon, qui remonte à 1786. Paris seul, cette ville
active, n'avait plus de société de sauvetage composée.

C'est donc en cette séance du 12 janvier 1879 que
l'acte de la naissance de la Société française de Sauvetage
fut dressé. Tous les membres présents sont unanimement
adhérents au projet d'organisation de la nouvelle société.
Le président fait connaître que les statuts de la nouvelle
société ont été adressés à MM. les ministres qui sont una-
nimes à lui accorder leur approbation; il adjure donc tous
les membres, dans un sentiment d'union parfaite, à marcher tous la main dans la main. Ces paroles du président
sont couvertes d'applaudissements et l'assemblée tout
entière acclame M. Edmond Turquet, son président,
auquel l'on doit la formation de la nouvelle société comme
président à vie.

Le 25 janvier 1879, par un décret ministériel, la

Société française de Sauvetage était autorisée. Cette
sanction lui conférait un devoir; elle se mit à la tâche en
composant son premier conseil; une réunion extraordinaire eut lieu à ce sujet pour élire le conseil de la
Société française de Sauvetage. Fut élu comme président,
M. Edmond Turquet, président de la Société des Sauveteurs de la Seine, nommé président à vie; 1er vice-président, M. Burgues, vice-président des Sauveteurs de la
Seine; Goelzer, deuxième vice-président des Sauveteurs
de la Seine; Cuvinot, membre du Conseil, sénateur, ingénieur en chef; Anatole de La Forge, directeur de la presse
au ministère de l'Intérieur, vice-président d'honneur des
Sauveteurs de la Seine, secrétaire; Hussenot, secrétaire
des Sauveteurs de la Seine. Administrateurs : MM. le docteur de Beauvais, médecin en chef de Mazas et des Sauveteurs de la Seine; Bodson père; Neyt; Bonne, négociant;
Bouchet-Cadart, directeur de la Sûreté générale au ministère de l'Intérieur; Cassignol, ingénieur; Oscard Commettant, homme de lettres; Cochery, député, secrétaire d'État
au ministère des Finances; Constans, député; Jules Delarue, négociant; Devès, député; Descors, propriétaire;
Foucard, sénateur, ancien maire de Bordeaux; Girerd,
député, sous-secrétaire d'État au ministère de l'Agriculture et du Commerce; Goelzer fils, industriel, secrétaire
général des Sauveteurs de la Seine; Goudeau, négociant;
Hébrard, sénateur; Hérisson, député; Lafargue, homme
de lettres; Marsaux, colonel de cavalerie en retraite;
De Lareinty (baron), sénateur; Lebaudy, député; Robert
de Massy, sénateur; Alfred Meyer, représentant de commerce; Molina Ferdinand, négociant, trésorier des Sauveteurs de la Seine; Delanarde, ingénieur; comte d'Osmoy,
député; Alfred Paz, banquier; Prosper Picard, rentier;
Platel, conseiller municipal de Boulogne-sur-Seine; Rappold, agent voyer; Renard, rentier; Richel, des Sauveteurs de la Seine; Alfred Sabattier, négociant; Thuillier,
président du Conseil municipal de Paris; Trehyon, pharmacien en chef des Sauveteurs de la Seine; Vallon, séna-

teur ; Choudey et Meyer. Sont nommés, membres du
comité : Jules Delarue, Bonne, Goelzer fils, Molina, Delanarde, Picard, Platel, Renard, Richel. Le bureau fut composé de M. Richel, premier vice-président; Platel, deuxième
vice-président; Goelzer, secrétaire ; Renard, délégué administrateur. Le conseil sera renouvelé pour le premier tiers
par tirage au sort en 1882; le Conseil, jusqu'à cette époque,
pourvoira aux vacances qui pourraient se produire ; les
statuts et règlements sont déposés au siège de la Société
des Sauveteurs de la Seine, 60, rue Monsieur-le-Prince.

Les membres élus ou qui se firent inscrire formèrent
tout un brillant état-major à cette jeune société ; la plus
grande partie étaient des membres de la Société des Sauveteurs de la Seine. Chacun apporta son concours le plus
actif à la formation de cette nouvelle Société qui devait
dans l'avenir récompenser le zèle de ses dévoués promoteurs par les actes de sauvetage et la continuation des
grands principes et des soins permanents qu'elle institua
sur un rayon très étendu de la Seine et sur différents
territoires de ses environs.

CHAPITRE V

La plupart des sauveteurs d'aujourd'hui sont ignorants des principaux actes accomplis par la Société dont ils sont membres; ces faits isolés ne doivent pas rester dans le domaine de l'oubli, tous doivent reconnaître ce que leurs frères aînés ont accompli; c'est l'exemple, c'est le commandement qui leur dicte le devoir de chaque instant, l'œuvre de chaque jour.

Le 11 janvier 1880, M. Edmond Turquet, président de la Société des Sauveteurs de la Seine, ouvre la séance de cette société. Ses premières paroles annoncent aux sauveteurs qu'il vient de recevoir de M. le ministre de l'Intérieur la nouvelle qu'à Saumur la débâcle des glaces menaçait cette ville des plus grands dangers.

« Il est nécessaire, dit-il, qu'une compagnie de trente sauveteurs parte demain pour le lieu du sinistre; ces trente sauveteurs de bonne volonté, bien décidés à affronter tous les dangers et les périls, ne devront quitter le lieu du sinistre que lorsque tout danger aura disparu. J'attends demain chez moi ces trente hommes pour les inscrire et les faire partir sous les ordres du ministre de l'Intérieur. »

Cette émouvante et triste communication est saluée d'applaudissements enthousiastes. Cet appel chaleureux fait aux sauveteurs de former une compagnie de volontaires destinés à aller affronter les dangers qui menaçaient la ville de Saumur, trouva, parmi les membres des Sauveteurs de la Seine et de la Française, un zèle qui ne se fit pas attendre. Quelques jours après, une première équipe partait sous le commandement de M. de La Narde, administrateur de la Société; Richel fils, MM. Robin, Cornu, François Raisonnier, **Lavigne**, **Jules Merelle**, et d'autres dont les noms n'ont pas été retrouvés, ainsi que le détail des dévouements héroïques accomplis par les sauveteurs de la Société de la Seine et de la Société française de sauvetage.

Ces faits, du domaine de l'histoire, sont presque inconnus à la plus grande partie des sauveteurs de notre époque, comme les noms des braves qui ont payé de leur vie le dévouement qu'ils ont porté loin des leurs. Ces victimes reçurent la glorification solennelle des autorités civiles et militaires. Voici le nom de celui qui fut la dernière victime décédée quelques jours après son retour, le 17 février 1880, je cite Jules Merelle. Tant de dévouement ne pouvait rester sans une juste récompense ; aussi, le 20 février 1880, par décret du Président de la République, des médailles d'or et d'argent furent décernées aux courageux sauveteurs dont les noms suivent : M. Robin, médaille d'or de première classe ; M. Cornu, médaille de première classe ; M. de La Narde, médaille d'or de deuxième classe ; M. François, médaille d'or de deuxième classe ; M. Raisonnier, médaille d'argent de première classe ; M. Richel, médaille d'argent de première classe.

Puis, par décret de M. le Président de la République du 24 février 1880, M. Richel fut nommé chevalier de la Légion d'honneur.

A l'assemblée générale du 14 juin 1880, le gouvernement compléta cette série de récompenses en accordant à M. Lavigne une médaille d'or de première classe, comme s'étant distingué dans les mêmes circonstances.

Tel fut le fait d'armes de l'honorable président M. Turquet, les sauveteurs furent acclamés et certes ils doivent en être fiers.

Le 11 janvier, l'assemblée avait procédé au renouvellement des membres sortants ; ont été nommés : MM. Burgues, Rodolphe, Bonne, Hussenot, Bodson, Posso, A. Goelzer fils et Goudeau.

Le 26 du même mois, réunion de l'assemblée générale des Sauveteurs de la Seine, pour remplacer MM. Sabattier,

Philippe Goelzer et A. Goelzer fils, démissionnaires. Sont nommés à leur place MM. Lebatteux, Letitre et Léger. Le Conseil nomme ses membres du bureau qui se trouve ainsi composé : M. Edmond Turquet, président ; vice-présidents, M. Burgues et M. Michel ; secrétaire général, M. Hussenot ; trésorier, M. Molina ; secrétaire du Conseil, M. Goudeau ; administrateurs : MM. Jules Delarue, Bodson, Bonne, Renard, Paz, Benheim, Gémond, Rappold, Nicole, Posso, Léger, Letitre, Lebatteux.

Le 29 novembre, réunion du Conseil qui procède au remplacement de son vice-président, M. Richel, démissionnaire, pour cause de santé (il n'en resta pas moins un membre dévoué à la Société) ; M. Jules Delarue est élu vice-président en remplacement de M. Richel.

Par suite de l'existence des deux Sociétés, il y eut un peu de confusion entre elles ; je terminerai, pour suivre la Société française de Sauvetage et pour clore la liste des présidents de la Société des Sauveteurs de la Seine, en présentant, pour cause de santé et des affaires personnelles, la démission de M. Edmond Turquet, en 1890, où il présida à la Sorbonne la dernière séance solennelle. Puis, le Conseil s'étant réuni, M. Adolphe Burgues, son vice-président, est nommé à la présidence ; en remplacement de M. Edmond Turquet, M. Jules Delarue fut nommé premier vice-président et M. Molina, deuxième vice-président.

En novembre 1891, M. Adolphe Burgues donne sa démission pour des raisons personnelles, en présentant pour le remplacer, M. le général Azais, retraité. M. le général fut élu président de la Société des Sauveteurs de la Seine, mais ne garda la présidence que quelques mois ; il donna sa démission le 6 novembre 1892. C'est alors que la présidence fut offerte à M. Gomot, sénateur, ancien ministre de l'Agriculture, qui maintint par sa droiture et sa haute fermeté la direction toujours active de la Société. Son énergie et son impartialité ont su déjouer les manœuvres de certains politiciens à la recherche d'un titre à leur ambition. C'est pourquoi l'impartialité me fait un devoir

de résumer en quelques mots cette fameuse journée pas-
sionnelle du 14 février 1897, cette assemblée générale qui
eut lieu au grand amphithéâtre des Arts et Métiers, rue
Saint-Martin. La séance est ouverte à 2 heures. Le bureau
tout entier désigne M. Molina, deuxième vice-président,
pour diriger cette séance, M. le président Gomot étant
arrivé au terme de son mandat n'assista pas à la séance.

Ceux de nos camarades qui ont assisté à ces débats ont
dû éprouver cette sensation étrange que l'on ressent dans
les moments où un danger semble planer ou être entrevu ;
les cœurs dévoués se recherchent et se rassemblent pour
une protection mutuelle. C'est là que le devoir grandit
certains hommes lorsqu'ils se révèlent au moment inat-
tendu pour protéger ou combattre; tel fut le rôle, il
faut le reconnaître, de M. Molina, qui, en acceptant la
difficile mission de présider cette séance, a rendu ce jour-
là à la Société son prestige et son influence un instant
compromis par une vile conspiration machinée dans le
cerveau de certains membres très influents de la Société.
Ingrats et oublieux du prestige dont notre drapeau les
couvraient, ces membres se sont rendus indignes de la
confiance que l'on avait en eux. Ce fut donc avec la plus
profonde sensation que l'assemblée, très nombreuse et
réunie pour la réélection de son honoré président,
M. Gomot, membre sortant ainsi que sept autres membres,
apprit la cause de la cabale ourdie et organisée par les
Bourgeon (père), Lapicida, Muzey, Poussier, Progin,
Pagier et autres agitateurs qui, par des paroles déloyales
et fausses, s'efforçaient de semer la désunion parmi les
membres ; espérant exploiter à leur profit les dissidents
qu'ils comptaient enrôler dans une nouvelle création,
étoile sans éclat dans la constellation du sauvetage,
ils ont cru, ces ligueurs indisciplinés, qu'ils pourraient s'emparer du phare qui brille depuis bientôt un
siècle en renversant le gardien vigilant et ceux qui l'en-
tourent. Cet acte grossier fut déjoué et la honte d'un
pareil scandale restera dans les esprits de ceux qui furent

témoins de cette révélation inattendue ; le voile qui la cachait fut déchiré par la virile défense de M. Molina, qui trouva en cette pénible séance des paroles sublimes, fermes et énergiques pour flétrir à l'unanimité de l'assemblée la conduite inqualifiable de ceux que nous estimions naguère comme des frères aînés.

C'est alors que l'on vit, dans un élan de vive sympathie, l'assemblée tout entière debout, acclamant à nouveau l'élection pour cinq années de son estimé président, M. le sénateur Gomot, ancien ministre de l'Agriculture, qui depuis 1892 soutient l'honneur et la gloire de la Société des Sauveteurs de la Seine qu'il préside encore actuellement.

Puis MM. le docteur de Beauvais, Goudeaux, Tréhyon, Rifkogel, Bapaille et Bouët, sont réélus pour trois ans, à une forte majorité, membres du conseil. Le président donne ensuite la parole au trésorier qui rend compte de la situation de la caisse et du don fait par M. Blouet à la caisse de la Société d'une somme de 21,000 francs. Ce don généreux a d'autant plus de valeur, dans ce témoignage à l'égard de la Société, que ce monsieur n'en faisait pas partie et était même inconnu des membres.

Avant de clore cet historique de la Société des Sauveteurs de la Seine, il m'est agréable de pouvoir mentionner que la réélection de la troisième période de cinq années qui vient d'avoir lieu le 21 mars 1903, ayant maintenu le très sympathique et dévoué président M. Gomot, sénateur, ancien ministre, et à l'occasion de sa dixième année à la présidence de ladite Société, un banquet lui fut offert par les membres du Conseil d'administration. Le Conseil, tout entier heureux de lui témoigner le gage de son affection, lui a remis comme souvenir, à l'issue du banquet, un bronze représentant le Travail agricole. Cette sympathique démonstration, bien que réservée, a trouvé l'accueil le plus enthousiaste parmi tous les Sauveteurs de la Seine et la Société française de Sauvetage.

6

SOMMES REÇUES A TITRE DE DONS PAR LA SOCIÉTÉ DES SAUVETEURS
DE LA SEINE POUR SA CAISSE DE RETRAITE.

1884. Don de M. Letellier	10,000	»
1890. Don de M. Jouye	6,500	»
1894. Don de M. Gémond	1,000	»
1897. Don de M. Laccarière	400	»
1898. Don de M. Blouet	21,000	»
1898. Don de M. Drou	4,400	»
1898. Don de M. Decaix	50,000	»
1899. Don de M. Lamy	500	»
1900. Don de M. Goudeau	500	»
1900. Don de M. le docteur de Beauvais	2,000	»
TOTAL	96,300	»

Nombre de souscripteurs à ce jour : 580.
Actif social : 320,000 francs.
Pensionnés à ce jour : 40 membres.
Somme déboursée pour pensions : 122,300 francs.
Secours, frais de maladie depuis la création de
Société de Secours Mutuels : 180,000 francs.

M. H. GOMOT, sénateur.
Ancien ministre de l'Agriculture.
Président des Sauveteurs de la Seine.
Élu le 6 novembre 1892.

RÉCOMPENSES

ACCORDÉES A LA

SOCIÉTÉ DES SAUVETEURS DE LA SEINE

10 Novembre 1878
DIPLOME D'HONNEUR
décerné par M. le Ministre de l'Intérieur, à l'Exposition
internationale universelle.

21 Novembre 1879
DIPLOME D'HONNEUR
à l'Exposition internationale des Sciences appliquées
à l'Industrie.

15 Janvier 1883
LETTRE DE FÉLICITATIONS
de M. le Préfet de police,
remerciant officiellement la Société de sa nouvelle preuve de
dévouement, pour le concours qu'elle a prêté
soit aux municipalités soit aux populations des communes envahies
par les eaux.

12 Mai 1884
MÉDAILLE D'OR DE 1re CLASSE
décernée par M. le Président de la République avec cette mention :
« 1801-1883. La Société n'a cessé, depuis sa fondation,
de se signaler par le courage et le dévouement de tous ses membres. »
Cette médaille sera suspendue à la hampe du drapeau de la Société
par un ruban tricolore.

29 Septembre 1889
Ministère du Commerce, de l'Industrie et des Colonies
MÉDAILLE D'OR
à l'Exposition Universelle de 1889.

1890
VILLE DE PARIS
MÉDAILLE SPÉCIALE GRAND MODULE

SOCIÉTÉ FRANÇAISE DE SAUVETAGE

RECONNUE D'UTILITÉ PUBLIQUE

Par Décret du 3 août 1886,

SIÈGE SOCIAL : *60, rue Monsieur-le-Prince.*

Présidents d'honneur.

MM.

LE MINISTRE DE L'INTÉRIEUR.
LE MINISTRE DE LA GUERRE.
LE MINISTRE DE LA MARINE.
LE MINISTRE DE L'INSTRUCTION PUBLIQUE ET DES BEAUX-ARTS.
LE MINISTRE DES TRAVAUX PUBLICS.
LE MINISTRE DE L'AGRICULTURE.
LE PRÉSIDENT DU CONSEIL D'ÉTAT.
LE PRÉSIDENT DU CONSEIL D'ADMINISTRATION DE LA SOCIÉTÉ CENTRALE DE SAUVETAGE DES NAUFRAGÉS.
LE PRÉSIDENT DE LA SOCIÉTÉ DES SAUVETEURS DE LA SEINE.

Vice-présidents d'honneur.

MM.

LE PRÉFET DE LA SEINE.
LE PRÉFET DE POLICE.
LE COLONEL DES SAPEURS-POMPIERS DE PARIS.

Membres d'honneur.

MM.

GÉRARD (Edmond), Président de la Société des Sauveteurs de Meurthe-et-Moselle, chemin de la Cité, Nancy.
MIENVILLE (Émile-Charles), Trésorier de la Société des Sauveteurs de Meurthe-et-Moselle, 51, rue Chanzy, Nancy.
CHRISTOPHE (Joseph), Secrétaire général de la Société des Sauveteurs de Meurthe-et-Moselle, 9, rue de Mazagran, Nancy.
BOGGERS, délégué de la Croix-Rouge, Président et membre de nombreuses Associations philanthropiques.

Président d'honneur.

M. TURQUET (Edmond), ancien député, ancien sous-secrétaire d'Etat, ancien Président de la Société des Sauveteurs de la Seine, à Paris, 8, rue de Phalsbourg.

Vice-Présidents.

MM.

BOUCHER-CADART, président de Chambre à la Cour d'appel de Paris, 19, rue de Presbourg.

DELARUE (Jules), négociant-commissionnaire, administrateur de la Société des Sauveteurs de la Seine, rue des Francs-Bourgeois, 23.

MOLINA (F.), négociant, vice-président de la Société des Sauveteurs de la Seine, 26, avenue de Reuilly, Charenton (Seine).

NICOLE (Paul), armateur, membre bienfaiteur et donateur de la Société Centrale de Sauvetage des Naufragés et des Sauveteurs de la Seine, 59, rue de la Bourse, Le Havre.

Secrétaire général.

M. CACHEUX (Emile), ingénieur, vice-président de la Société française d'Hygiène, administrateur de la Société française des Habitations à bon marché, 25, quai Saint-Michel, Paris.

Secrétaire général honoraire.

M. HUSSENOT (Hubert), ancien secrétaire général, ancien vice-président des Sauveteurs de la Seine, manufacturier, 16, rue du Mail.

Membres.

MM.

ANCEL, expert au Tribunal de la Seine et à la Cour d'appel de Paris, 22, rue de Châteaudun.

BEAUVAIS (le docteur de), médecin en chef de Mazas, chef du Service médical à la Société des Sauveteurs de la Seine et à la Société française de Sauvetage, 39, rue de Trévise.

BENTZ-AUDÉOUD, directeur de la Cie d'Assurances contre les Accidents, *La Bâloise*, 16, place du Havre.

CHATILLON, colonel d'état-major en retraite, 59 rue du Four.

CLAVAUD, capitaine de frégate en retraite, administrateur délégué de la Société Centrale de Sauvetage des Naufragés, 1, rue de Bourgogne.

FARCY (de), député, 45, avenue Bosquet.

GOUDEAU, administrateur des Sauveteurs de la Seine, 6, rue de Mogador.

MEYER (Alfred), négociant, administrateur des Sauveteurs de la Seine, 2, boulevard de Rochechouart.

NAVET, avocat, 19, rue Marbeuf.

NOEL (Octave), administrateur des Messageries Maritimes, président de la Société des Hospitaliers-Sauveteurs de France, 70 *bis*, rue de l'Université.

Posso (Ed.), directeur de la *Vigilante*, 57, faubourg Montmartre.

ROBIN (Emile), membre du Conseil d'administration de la Société centrale de Sauvetage des Naufragés.

SOLLER (Charles), explorateur, délégué au Conseil supérieur des Colonies, 7, rue Nouvelle.

TRÉHYOU, pharmacien en chef de la Société des Sauveteurs de la Seine, 71, rue Sainte-Anne.

Membres honoraires.

MM.

BODSON, rentier, 13, rue des Halles.

JETTE, inspecteur des Douanes en retraite, 42, rue Vaneau.

RENARD (L.), ancien administrateur, 3, boulevard Voltaire.

Médecin en chef.

M. le docteur DE BEAUVAIS, médecin en chef de Mazas.

Oculiste.

M. le docteur KALT, médecin aux Quinze-Vingts, 22, place Vendôme.

Pharmacien en chef.

M. TRÉHYOU.

Délégués.

MM.

BERNARD (Paul), à Asnières, 32, rue de Paris.

MOLINA, président de la Section de Charenton.

Inspecteurs des postes de secours.

MM.

BAUBE (Alexandre), inspecteur en chef, 16, cour des Petites-Écuries.

BAILLY (N.), 30, boulevard Saint-Germain.

LEGENT (Paul), villa du Pré, Pré-Saint-Gervais (Seine).

LUQUIENS (Georges), 35, rue Copernic.

ROULET, 28, Grande-Rue, Saint-Maurice-Charenton.

LAPICIDA, chef éclusier, 1, quai Henri-IV.

Conservateur du matériel.

M. HOUDAYER, bateau-lavoir, passerelle de Passy, quai d'Orsay.

Secrétariat.

M. ROQUANCOURT (Georges), 8, rue de Phalsbourg, *mercredi et vendredi avant midi.*

Section des secours d'urgence.

Directeur : M. BENTZ-AUDLOUD.

Anciens membres du Conseil.

MM.

DORÉ (Camille), officier de marine, administrateur de la Société centrale de Sauvetage des Naufragés. (Décédé.)

WALLON père, sénateur, membre de l'Institut.

BURGUES (Rodolphe), président d'honneur des Sauveteurs de la Seine, villa des Roses, à Saint-Prest par Chartres (Eure-et-Loir).

BONNE, négociant, 52, rue de la Tour-d'Auvergne.

JOUSSELIN (Paul), vice-président de la Société des ingénieurs civils.

LAFARGUE (Paul), ancien chef de Cabinet de M. le Président de la Chambre des Députés, 1, rue Nouvelle, Paris.

JOUYE, rentier. (Décédé.)

MULOT (Albert), ingénieur, 183, avenue Victor-Hugo.

PICARD (Achille), entrepreneur de travaux publics. (Décédé.)

RAGIOT, ancien administrateur délégué de la Société centrale de Sauvetage des Naufragés. (Décédé.)

LA FORGE (Anatole de), ancien vice-président. (Décédé.)

GOELZER (Ph.), manufacturier. (Décédé.)

BENDHEIM, propriétaire, 18, rue de la Mairie, Boulogne (Seine).

CUVINOT, sénateur, ancien vice-président, 20, rue de Téhéran.

CASSIGNEUL, ingénieur.

COMMETTANT (Oscar), homme de lettres, 13, faubourg Montmartre.

COCHERY, sénateur, ancien ministre, 38, avenue d'Iéna.

CONSTANS, sénateur, ancien ministre.

DEVEZ, sénateur, ancien ministre.

LECOMTE (A.), ancien député.

DESCORS, propriétaire. (Décédé.)

FOURCAND, ancien sénateur.

LUR-SALUCES (le comte H. de), sénateur, 25, rue du Mont-Thabor.

GIRERD, trésorier-payeur général.

GOMANT, propriétaire, 2, rue de Son-Tay.

HÉBRARD, sénateur, 2, avenue Hoche.

HÉRISSON, ancien ministre.

LAREINTY (le baron de), sénateur, 191, boulevard Saint-Germain.

LEBAUDY, député. (Décédé.)

MASSY (Robert de), sénateur.

LA NARDE (de), ingénieur, 14, rue Saint-Georges.

OSMOY (le comte d'), sénateur, 56, rue Saint-Lazare.

PAZ (Alfred), banquier. (Décédé.)

PICARD (Prosper), ancien négociant.

PLATEL. (Décédé.)

FAURE (Félix), député, ancien sous-secrétaire d'État. (Décédé.)

RAPOLD, ancien ingénieur. (Décédé.)

DUMAS (Alexandre) fils, de l'Académie française.

RICHEL, ancien inspecteur primaire.

MARION (Ernest), administrateur de la Compagnie des Petites-Voitures, à Paris.

SABATIER (Alfred), ancien négociant. (Décédé.)

CAZENOVE DE PRADINE, député, 5, rue de Beaune.

THUILLIER, ancien président du Conseil municipal de Paris.

MARSAUX (le colonel).

WILSON, ancien député, ancien sous-secrétaire d'État, avenue d'Iéna, Paris.

LAVELAINE DE MAUBEUGE, ancien officier.

DÉROULÈDE (Paul), ancien député.

FERRY D'ESCLANDS, avocat général près la Cour des Comptes, 16, rue Christophe-Colomb.

LOURDELET (E.), négociant, 69, boulevard de Magenta, Paris.

STATUTS

TITRE PREMIER
But.

ARTICLE PREMIER. — L'Association fondée à Paris, en 1879, sous le titre : *Société Française de Sauvetage*, a pour objet de porter assistance aux noyés, aux inondés, aux incendiés et aux victimes des épidémies, sur le territoire français, de propager les principes et les procédés de nature à sauvegarder l'existence des personnes menacées, et d'étudier les causes des sinistres et des épidémies, ainsi que les mesures à prendre pour en diminuer le nombre.

ART. 2. — Elle a son siège à Paris, et se propose spécialement :

1° De se mettre en relations avec les Sociétés locales qui existent déjà ;

2° D'aider ces Sociétés soit par des subventions en argent, soit par le don d'appareils de sauvetage ;

3° De faciliter la formation de Sociétés semblables ;

4° De compléter l'action de ces Sociétés par l'organisation, sur les canaux, rivières et cours d'eau, de postes pourvus des divers engins de secours reconnus les plus utiles ;

5° De décerner des médailles en écrin, des diplômes et des récompenses pécuniaires aux personnes qui se seront distinguées par des actes de courage et de dévouement dans les inondations, les incendies et les épidémies ;

6° D'accorder des secours aux familles des Sauveteurs de la Société, victimes de leur dévouement dans des actes de courage.

TITRE II
ORGANISATION.

ART. 3. — La Société se compose :

De Bienfaiteurs ;

De Fondateurs ;

De Donateurs ;

Et de Souscripteurs annuels.

ART. 4. — Pour être Membre de la Société, il faut être présenté par deux Membres de l'Association, agréé par le Conseil d'administration et contribuer par un versement dans l'une des catégories ci-dessous :

La Société peut décerner le titre de *Bienfaiteur* à toute personne qui lui fait un don important ou qui lui rend un grand service.

Sont *Fondateurs*, ceux qui apportent à la Société une somme de cent francs au moins ou qui versent annuellement une cotisation de vingt francs au moins.

Sont *Donateurs*, les personnes qui font à la Société un versement une fois opéré d'une somme inférieure à cent francs.

Sont *Souscripteurs annuels*, les personnes dont les versements annuels sont inférieurs à vingt francs et au moins de vingt-cinq centimes par mois, soit trois francs par an.

ART. 5. — La qualité de Membre de la Société se perd :

1º Par la démission ;

2º Par la radiation prononcée pour motifs graves, par l'Assemblée générale, à la majorité des deux tiers des Membres présents, sur le rapport du Conseil d'administration et le Membre intéressé dûment appelé à fournir ses explications.

ART. 6. — Les dames peuvent faire partie de la Société au même titre que les hommes.

TITRE III

ADMINISTRATION.

ART. 7. — La Société est administrée par un Conseil composé de vingt Membres nommés en Assemblée générale, au scrutin secret et à la majorité des suffrages exprimés.

ART. 8. — Le Conseil choisit parmi ses Membres :

Un Président ;

Quatre Vice-Présidents et un Secrétaire général.

Ce Bureau est élu pour un an. Les Membres sortants sont rééligibles.

ART. 9. — Nommé pour cinq ans, le Conseil d'administration se renouvelle chaque année par cinquième.

Les quatre premiers renouvellements auront lieu par la voie du sort, les autres à l'ancienneté.

Les Membres sortant sont rééligibles.

ART. 10. — Le Conseil est chargé de la direction morale et matérielle de l'Œuvre. Il se réunit aussi souvent que les intérêts de la Société l'exigent et au moins une fois par mois. La validité des délibérations est acquise à la moitié plus un des Membres présents.

En cas d'absence ou d'empêchement du Président ou des Vice-Présidents, le Conseil désigne un de ses Membres pour présider la séance.

ART. 11. — Le Secrétaire général représente la Société en justice et dans tous les actes où elle est appelée à figurer activement ou passivement.

Le Président fait rentrer les revenus et ordonnance les dépenses autorisées par le Conseil.

ART. 12. — Les fonctions d'Administrateur sont gratuites.

TITRE IV

RESSOURCES ET COMPTABILITÉ.

ART. 13. — Les ressources de la Société se composent des biens et revenus de toute nature lui appartenant, et du produit :

1º Des souscriptions annuelles ;

2º Des dons volontaires et manuels ;

3º Des quêtes, assemblées de charité, ventes de bienfaisance, concerts, etc., autorisés à son profit ;

4º Des dons et legs dont l'acceptation aura été autorisée, conformément aux dispositions de l'article 910 du Code civil ;

5º Des subventions qui pourraient lui être accordées.

Les délibérations relatives à l'acceptation des dons et legs, aux acquisitions et échanges d'immeubles sont soumises à l'approbation du Gouvernement.

Les délibérations relatives aux aliénations, constitutions d'hypothèques, baux à long terme et emprunts, ne sont valables qu'après l'approbation par l'Assemblée générale.

ART. 14 — Un agent comptable est chargé de la comptabilité et de la caisse, sous la surveillance du Président.

ART. 15. — Les fonds disponibles de la Société seront placés en rentes nominatives 3 0/0 sur l'Etat ou en obligations nominatives de chemins de fer, dont le minimum d'intérêt est garanti par l'Etat.

Le fonds de réserve comprend :

1° Le dixième de l'excédent des ressources annuelles ;

2° Les sommes versées pour le rachat des cotisations ;

3° La moitié des libéralités autorisées sans emploi.

Ce fonds est inaliénable ; ses revenus peuvent être appliqués aux dépenses courantes.

TITRE V

DISPOSITIONS GÉNÉRALES.

ART. 16. — Un Règlement, arrêté par le Conseil de la Société, détermine les conditions de l'administration intérieure et toutes les dispositions de détail propres à assurer l'exécution des Statuts.

Des exemplaires de ce Règlement sont adressés au Ministre de l'Intérieur et au Ministre des Travaux publics.

ART. 17. — Chaque année, tous les Membres de la Société sont convoqués en assemblée générale.

L'Assemblée est régulièrement constituée lorsqu'elle réunit cinquante Membres. Si cette condition n'est pas remplie sur une première convocation, l'Assemblée générale convoquée une seconde fois, à quinze jours d'intervalle, délibère valablement, quel que soit le nombre des Membres qui la composent.

L'Assemblée générale est présidée par le Président de la Société, ou, à son défaut, par l'un des Vice-Présidents.

Le Secrétaire général remplit les fonctions de Secrétaire.

Les Vice-Présidents font partie du Bureau, ainsi que deux Scrutateurs appelés par le Président.

Après la lecture du rapport au nom du Conseil, le compte de l'exercice clos et le budget de l'exercice suivant sont soumis à l'approbation de l'Assemblée générale.

Il est procédé ensuite au remplacement des Membres dont les fonctions sont expirées.

Enfin, l'Assemblée délibère sur toutes les propositions qui lui sont soumises dans les formes indiquées par le Règlement intérieur.

ART. 18. — Le compte rendu et le procès-verbal de la séance sont publiés. Des exemplaires en sont transmis aux personnes présentes à la réunion et au Ministre de l'Intérieur.

ART. 19. — L'Assemblée générale appelée à se prononcer sur la dissolution de l'Association et convoquée spécialement à cet effet, doit comprendre, au moins, la moitié plus un des Membres en exercice. Ses résolutions sont prises à la majorité des deux tiers des Membres présents et soumises à l'approbation du Gouvernement.

En cas de dissolution, l'actif de l'Association est attribué, par délibération de l'Assemblée générale, à un ou plusieurs établissements analogue et reconnus d'utilité publique.

Cette délibération est soumise à l'approbation du Gouvernement.

Il sera procédé de même en cas de retrait de l'autorisation donnée par le Gouvernement.

Dans le cas où l'Assemblée générale se refuserait à délibérer sur cette attribution, il sera statué par un décret rendu en forme des règlements d'administration publique.

ART. 20. — Les Statuts ne peuvent être modifiés que sur la proposition du Conseil d'administration ou de vingt-cinq Membres, soumise au Bureau au moins un mois avant la séance.

L'Assemblée extraordinaire spécialement convoquée à cet effet ne peut modifier les Statuts qu'à la majorité des deux tiers des Membres présents.

L'Assemblée doit se composer du quart au moins des Membres en exercice.

La délibération de l'Assemblée est soumise à l'approbation du Gouvernement.

ART. 21. — *Disposition transitoire.* — Le nombre des Membres du Conseil d'administration étant actuellement de vingt-cinq, il ne sera procédé à de nouvelles élections, conformément aux articles 7, 9 et 17, que lorsque ce nombre aura été réduit par décès, démission ou autrement, à celui de vingt.

Si le montant de la souscription ne peut être versé au siège de la Société par le souscripteur, remplir ce feuillet, le détacher et l'adresser à M. le Président.

La Société fera toucher soit par le garçon de recettes, soit par les soins de la poste. — *Écrire lisiblement, S. V. P.*

.... le 1

Je soussigné, *déclare donner à la* SOCIÉTÉ FRANÇAISE DE SAUVETAGE *la somme de* ▓▓▓▓▓▓▓▓▓▓▓▓▓▓▓

▓▓▓▓▓▓▓▓▓▓▓▓▓▓▓ *à titre de* BIENFAITEUR,

▓▓▓▓▓▓▓▓▓▓▓▓▓▓▓ *à titre de* FONDATEUR,

▓▓▓▓▓▓▓▓▓▓▓▓▓▓▓ *à titre de* DONATEUR,

▓▓▓▓▓▓▓▓▓▓▓▓▓▓▓ *à titre de* SOUSCRIPTEUR ANNUEL,

que je m'engage à payer contre la remise de la quittance qui me sera présentée par ladite Société.

(Adresse.)   (Signature.)

N. B. — Les souscriptions *annuelles* de **20** *francs* et au-dessus et les donations, une fois versées, de **100** *francs* et au-dessus donnent seules le titre de *Fondateur* et le droit à un diplôme et une insigne.

Les souscripteurs annuels au-dessous de **20** *francs* devront payer le diplôme et l'insigne (ensemble **10** *francs*).

Nous ne pouvons que faire de nouveau un *énergique appel* à tous ceux qui s'intéressent aux questions de sauvetage et à notre Société. — *Les moindres souscriptions sont reçues avec la plus vive reconnaissance.*

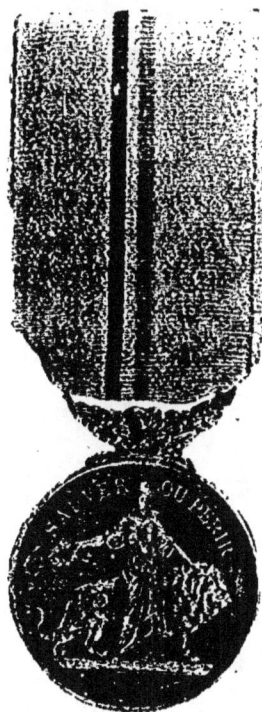

Insigne de la Société française de sauvetage.
Ruban blanc, un liséré tricolore au milieu.

SOCIÉTÉ FRANÇAISE DE SAUVETAGE

DIPLÔME

DÉVOUEMENT

COURAGE

CHAPITRE VI

La Société française de Sauvetage se trouve donc la fille cadette de la Société des Sauveteurs de la Seine ; cette parenté, qui la soutint pendant ses premières années, devint jalouse de ses premiers pas ; oui, il s'est trouvé des membres et parmi les plus favorisés de la Société de la Seine qui ont trouvé que l'on s'occupait trop de la Française et pas assez d'eux.

Que voulaient-ils, ces frères aînés ? Ce qu'ils voulaient, c'était que l'on chassât la Benjamin, ils ne voulaient plus partager avec leur jeune sœur ; pourtant ils ne lui donnaient rien, bien au contraire, l'activité de cette jeune sœur leur apportait la joie et comme une nouvelle vie à cette Société mère presque centenaire. C'est alors que la Société française de Sauvetage dut se séparer de la Société des Sauveteurs de la Seine pour vivre seule et indépendante avec ses propres forces autonomes. Là s'arrêta la vie commune des deux Sociétés. Toutefois l'appel pour le danger trouva les deux camps unis, et la Française se rangea sous le drapeau des Sauveteurs de la Seine ; dans les moments de péril, les sauveteurs restent toujours frères.

La grande préoccupation de la Société, dès sa constitution, fut de réunir en un congrès toutes les Sociétés de France et de l'étranger pour jeter les bases ou plutôt reprendre et mener à bien les vœux déjà émis dans le premier congrès tenu à Marseille pendant l'année 1878. Ce deuxième congrès eut lieu le 16 septembre 1879 au Palais des Champs-Élysées, offert gracieusement par M. Nicolle, membre perpétuel de la Société des Sauveteurs de la Seine, président de l'Exposition des Sciences appliquées à l'Industrie.

7

Le congrès ouvre sa séance à deux heures de l'après-midi sous la présidence de M. Edmond Turquet, sous-secrétaire d'État au ministère des Beaux-Arts ; tous les membres de la Société française et des Sauveteurs de la Seine sont présents. De nombreux résidents et délégués de province et de l'étranger se sont fait un devoir d'assister à ce congrès.

M. Silvestre, président du premier congrès de sauvetage tenu l'année auparavant à Marseille, infatigable promoteur des congrès internationaux, ouvre la séance en quelques paroles très chaleureuses et éloquentes ; il retrace ce qui a été fait au Congrès précédent et, avec une modestie qui l'honore, reporte à la Société française ce qui a été fait, puis termine en disant que pour cette session une personnalité aussi courageuse que sympathique s'indiquait d'elle-même pour la présidence : celle de l'éminent M. Edmond Turquet. Cette proposition soulève les applaudissements de toute l'assemblée, et M. Edmond Turquet, président de la Société des Sauveteurs de la Seine et de la Société française de Sauvetage, est acclamé président du Congrès international de Sauvetage de 1879. M. Silvestre cède le fauteuil et installe le nouveau président qui, avec ces accents du cœur qu'il sait si bien rendre, remercie l'assemblée de l'honneur qu'elle lui fait et l'assure de son dévouement pour donner au congrès sa constitution définitive.

Il est procédé ensuite à la formation du Bureau. Tout d'abord, nomination de M. Silvestre comme premier vice-président ; puis on passe à l'examen des diverses candidatures. Le bureau du Congrès est constitué, puis soumet avec un ensemble qui rallie beaucoup de suffrages les questions diverses qui ont eu comme application un bienfait et un appui près des pouvoirs publics.

En dehors des communications et conférences très importantes et intéressantes qui ont retenu les congressistes pendant deux séances, je relaterai quelques-uns de ces rapports : premièrement, vœu émis, mais qui devra l'être à nouveau, avec le ferme espoir que, dans un avenir prochain, les sauveteurs verront réaliser ce désir sans cesse renouvelé de la fondation d'une maison de retraite, rien que pour les sauveteurs médaillés de France ; vœu pour que toutes les sociétés de sauvetage ne forment qu'une seule et même armée solidarisée en une fédération des sauveteurs de France, avec le seul et même insigne pour toutes les sociétés autorisées ; vœu pour que tout sauveteur, sur la présentation d'une carte d'identité reconnue par toutes les autorités, dans toutes occasions, puisse être admis à donner son concours en cas d'incendie, inondations ou autres dangers et sinistres ; vœu supprimant le port de toute décoration ou médaille autre que celle reconnue officiellement par le gouvernement, sauf l'insigne uniforme de la Société.

Pour suivre le compte rendu très bien détaillé de ces congrès, les sauveteurs pourront se le procurer chez l'éditeur Wattier, rue des Déchargeurs, à Paris ; l'auteur est M. Philippe Goolzer père. Ils trouveront également chez le même éditeur les ouvrages du *Sauvetage*, qui fut édité le 15 octobre 1856 par Dangé, Rigo et Lebars ; puis le *Moniteur du Sauvetage et des belles actions*, qui fut fondé en 1865 par Adolphe Huard, donnant jour par jour tous les actes accomplis par toutes les sociétés de France, et qui fut continué par Turpin de Sauçay.

CHAPITRE VII

La Société française de Sauvetage si bien représentée dans l'ensemble de tous ses membres formant comme une auréole planant sur la noblesse des sentiments, de courage et de dévouement de ceux qui la composaient, inaugura tout d'abord des postes de secours qu'elle installa sur le parcours de la Seine. Par un engagement passé avec la Compagnie générale des Bateaux Parisiens et suivant une convention avec cette Compagnie, elle fut autorisée à placer sur les pontons des stations de voyageurs le fanion de la Société. Les premiers qui furent posés étaient un étendard qui mesurait trois mètres d'oriflamme tricolore, en étamine très forte, sur lequel était inscrite la légende de la Société et le numéro du poste de secours; il était hissé par une corde en haut d'un mât attenant au ponton. Ils furent quelques années après changés en un fanion de tôle monté sur hampe en fer creux peint avec la légende de la Société; ce fanion est de plus longue durée et moins coûteux que l'étoffe qu'il fallait souvent remplacer sur les pontons.

A chaque station, ce fanion indique au public un poste de secours où se trouve une boîte renfermant les médicaments de première nécessité tels que : éther, alcool camphré, arnica, ammoniaque liquide ou alcali, eau phéniquée 002 degrés pour le lavage des plaies, acide picrique pour brûlure, acétate de mélisse, gant de crins et brosses pour frictions, spatule, cuiller, ciseaux, gobelet pour boire, petite cuvette pour lavage des blessures, une petite pelote de ficelle pour ligature en cas d'hémorragie, taffetas anglais, gaze iodoformée pour cautérisation des plaies, amadou étanche, ouate hydrophile, linge et bande de gaze pour pansements, sinapisme, ipécà 001 gramme et une couverture de laine pour envelopper le malade.

Cette composition de la boîte de secours fut pendant des années tout uniforme sur les postes, pontons et autres postes de secours. Sur les pontons de la Compagnie, cette dernière, par convention avec la Société française de Sauvetage, devait fournir et entretenir les boîtes en bon état, mais les boîtes seulement; cette convention, ainsi que l'autorisation concédée, ne fut pas sanctionnée par écrit, elle est restée de bonne foi et verbale, ce qui a dans quelques circonstances occasionné des pourparlers très amicaux, il est juste de le mentionner. Mais les hommes changent et les choses restent, ce que l'un a accepté se trouve parfois mal compris par le successeur.

La Société française de Sauvetage a donc à sa charge la fourniture intégrale des médicaments dans les boîtes et accessoires ainsi que les fanions de tôle actuels; les bouées et crocs sont à la charge de la Compagnie, qui est forcée, par ordre de la Préfecture de police, d'avoir ses engins disponibles ainsi que la boîte des médicaments qui doit être mise à la disposition du public en cas de sinistre.

Tels doivent être tous les bateaux transporteurs ou stationnaires ainsi que les bateaux dits lavoirs publics. Ces entretiens et fournitures gratuites entrepris par la Société française de Sauvetage sont très onéreux pour sa caisse, et les membres chargés de ce soin n'ont certes pas une sinécure, bien que la Compagnie accorde, en raison de ce service, la franchise sur tout son parcours aux membres de la Société nommés à cette fonction toute gratuite d'inspecteurs des postes de secours, sous le contrôle des médecins en chef attachés à ce service et de ceux délégués de la Société et des sections. Ces boîtes étaient scellées par les inspecteurs, et chaque fois qu'elles devaient être mises à contribution, il devait être fait un rapport mentionnant les soins donnés, le cas et les médications employées.

Chaque boîte renfermait un petit livre, lequel recueil donnait toute description des premiers soins suivant la nature du malade ou blessé, les soins urgents à donner aux noyés avant l'arrivée du médecin, dans les circonstances plus graves où on doit faire appel à ses soins.

En 1900, le 9 avril, la Préfecture de Police fit changer le contenu de toutes les boîtes sur tous les pontons. Elle ordonna la suppression des liquides ; seul le flacon de sels anglais et l'alcoolat de mélisse furent conservés. Cette mesure fut prise à la suite de certains pansements faits par des pontonniers qui importèrent de leur propre initiative et se servirent sans autorisation des liquides tels que le lysol pur, l'acide phénique pur non coupé et autres corrosifs non admis dans les boîtes. Des accidents regrettables s'étant produits, des ordres sévères interdirent pour l'avenir tout liquide ; la responsabilité de la Société fut de ce fait couverte par cet arrêté ; elle incombe à ceux qui s'en serviraient.

Postes de Secours avec boîte de secours sur le parcours de la Seine, d'amont en aval :

1. Départ pont de Charenton.
2. — pont d'Alfortville, Marne.
3. — Les Carrières (Seine).
4. — Ivry port.
5. — Les Magasins généraux.
6. — pont National, barrière.
7. — pont de Tolbiac, Paris.
8. — pont de Bercy.
9. — pont d'Austerlitz (rive droite).
10. — pont d'Austerlitz (rive gauche).
11. — pont de Sully.
12. — pont de la Tournelle.
13. — pont de l'Ile Saint-Louis.
14. — pont de l'Hôtel-de-Ville.
15. — pont du Châtelet.
16. — Pont-Neuf.
17. — pont des Arts (Louvre).
18. — bureau de la douane, Louvre, port Saint-Nicolas.
19. — pont des Saint-Pères.
20. — pont Royal (rive droite).
21. — pont Royal (rive gauche).
22. — pont de la Concorde (rive gauche).

23. Départ pont des Tuileries.
24.   —   pont de la Concorde (rive droite).
25.   —   pont des Invalides.
26.   —   pont des Invalides (rive gauche).
27.   —   pont de l'Alma (rive gauche).
28.   —   pont de l'Alma (rive droite).
29.   —   pont d'Iéna (rive droite).
30.   —   pont d'Iéna (rive gauche).
31.   —   pont du Trocadéro.
32.   —   passerelle de Passy.
33.   —   passerelle de Passy (rive droite).
34.   —   pont de Grenelle (rive gauche).
35.   —   pont de Grenelle (rive droite).
36.   —   quai de Javelle.
37.   —   la Galiotte.
38.   —   pont d'Auteuil.
39.   —   pont de Billancourt.
40.   —   Bas-Meudon.
41.   —   Longchamp.
42.   —   Bellevue.
43.   —   Sèvres.
44.   —   Boulogne.
45.   —   Saint-Cloud.
46.   —   Suresnes.

Ensuite, étendant son rayon sur une plus grande cir-
conférence, elle plaça dans les localités désignées ci-
dessous des boîtes de secours et différents engins : Nogent,
le Perreux, pont de Petit-Bry, quai de Seine, Nogent-sur-
Marne, restaurant Convert, val de Beauté, à la Varenne,
quai de la Marne, pont de Chennevières, chez Sadoue, Joinville-le-Pont, île Fanac, Société nautique, à Clichy, près
le pont sur le quai, île Saint-Denis, chez Campeau, à
Chelles, usine Noisiel, chocolaterie Meunier, à Pleneuf
(Côtes-du-Nord), au val André, à Puy près de Dieppe-
plage, à Dieppe (Seine-Inférieure), à Asnières, berge de
la Seine près le pont, à Courbevoie, près le pont de
Puteaux, à Semur-en-Auxois (Côte-d'Or), à Berneval, à
Alfort, au moulin Jouet, et plusieurs autres furent créés
par les sections qui se formèrent.

La première, la plus importante, est la section de

Charenton, qui dans la suite installa une section à Fontenay-sous-Bois (Seine), puis celles de Vincennes, de Thiais, Choisy-le-Roi.

Paris vit se former des divisions dans les IXe, Xe, XIe, XVIIIe, XXe arrondissements. Ces divisions formèrent principalement des corps de secouristes, qui rendirent de signalés services dans certaines circonstances où l'agglomération de la foule se trouvait concentrée sur des points par suite de fêtes publiques, ou démonstrations patriotiques, expositions, courses, revues et autres attractions diverses.

La séparation de la Société française de Sauvetage d'avec la Société des Sauveteurs de la Seine ne se fit pas sans bouleverser l'harmonie qui avait présidé à ses débuts. Elle établit son siège chez le président, M. Turquet, 8, rue de Phalsbourg (parc Monceau), en un bureau au rez-de-chaussée, sous la direction du secrétaire général, M. Rocquencourt. Ce bureau n'était ouvert que les mercredis, de 9 heures du matin à 11 heures: le plus souvent il n'ouvrait pas.

Cette situation dura de 1881 à 1890; elle eut pour résultat l'affaiblissement de la Société qui ne trouvait plus en ses administrateurs le soutien qui réveille l'énergie et active les hésitants. Malgré cette accalmie, le président, M. Edmond Turquet, ne cessa de poursuivre la tâche qu'il s'était imposée de faire reconnaître la Société comme établissement d'utilité publique. Grâce à son énergie, elle reçut satisfaction, en ce décret du 3 août 1886.

DÉCRET DE RECONNAISSANCE D'UTILITÉ PUBLIQUE

RÉPUBLIQUE FRANÇAISE
LIBERTÉ — ÉGALITÉ — FRATERNITÉ

PRÉFECTURE DU DÉPARTEMENT DE LA SEINE.

Le Président de la République Française,

Sur le rapport du Ministre de l'Intérieur,

Vu l'avis du Conseil d'État du 17 janvier 1806,

Vu la délibération en date du 3 juin 1883, par laquelle l'Assemblée générale de la *Société Française de Sauvetage*, ayant son siège à Paris, a décidé de solliciter du Gouvernement la reconnaissance légale de cette œuvre,

Vu la demande conforme du Président,

Vu les documents administratifs et financiers produits à l'appui de cette demande,

Vu le projet de Statuts,

Vu l'avis du Préfet de la Seine,

La Section de l'Intérieur, de l'Instruction publique, des Beaux-Arts et des Cultes du Conseil d'État entendue,

DÉCRÈTE :

ARTICLE PREMIER. — L'Association dite *Société Française de Sauvetage*, fondée à Paris en 1879, est reconnue comme établissement d'utilité publique.

Sont approuvés les Statuts de l'œuvre tels qu'ils sont annexés au présent décret.

ART. 2. — Le Ministre de l'Intérieur est chargé de l'exécution du présent décret.

Fait à Mont-sous-Vaudrey, le 3 août 1886.

Signé : JULES GRÉVY.

Par le Président de la République :

Le Ministre de l'Intérieur,

Signé : SARRIEN.

Pour ampliation :

Le Directeur du Secrétariat et de la Comptabilité,

Signé : H. ROUSSEAU.

Le droit à l'existence était donc sanctifié. Les inspecteurs des postes de secours furent nommés et chargés de
l'entretien des boîtes et du ravitaillement; ce furent
MM. Baude, inspecteur principal; Roulet, Legent, Luquiens,
Gayer, Bailly, Dunant. Les commencements furent difficiles. Malgré tout le dévouement qu'ils apportèrent à la
tâche ingrate et pénible qu'ils avaient assumée, ils ne
pouvaient plus se procurer les réserves pharmaceutiques
nécessaires pour alimenter les boîtes de secours placées
sous leur responsabilité. Pendant plusieurs années, cet état
de choses faillit compromettre le prestige de la Société.
Par négligence d'abord et ensuite à cause de la maladie
qui ne permettait plus à M. Rocquencourt de s'en
occuper, la direction de cette grande responsabilité se
trouvait comme abandonnée à la charge des intéressés;
c'est alors que les philanthropes de la cause du devoir
humanitaire se révélèrent pour sauver l'honneur de la
Société française de Sauvetage, afin qu'elle ne fût pas
soupçonnée de négligence ou d'incurie. Ils achetèrent de
leurs deniers les médicaments nécessaires et les plus utiles
qu'il fallait remplacer très souvent dans les boîtes de secours
et autres petits accessoires, ce qui sauva la situation. Par
cet acte de zèle vraiment sublime, personne ne s'aperçut
que la Société avait sommeillé un moment; et, je dois le
dire, il faut que les sauveteurs le sachent, ces hommes de
bien n'ont pas été à l'honneur, la Société n'a pas su reconnaître l'acte méritant de ces apôtres de l'humanité; leurs
noms sont même restés ignorés de la plupart des sauveteurs même de ce temps. Cette injustice m'oblige à les
nommer : M. Baude, médaillé du gouvernement, et
M. Roulet; ce dernier surtout fut l'âme et l'esclave de son
devoir, le saint Vincent de Paul du ravitaillement des postes
de secours, et pendant longtemps eut à sa charge le plus
grand nombre des pontons sur le parcours de Charenton
à Suresnes. Il remplit cette fonction, d'inspecteur des
postes et du ravitaillement, fonctions honorifiques, pendant dix années consécutives, de 1882 à 1892.

La mort de M. Roquencourt (1892) mit fin à cet engourdissement inexplicable, mais que l'on peut attribuer aussi à la santé un peu comprise de son président, M. Edmond Turquet. Le Conseil remit ses pouvoirs entre les mains de M. Cachieux, ingénieur, chevalier de la Légion d'honneur, quai Saint-Michel, 25, à Paris, membre du Conseil, délégué général de la Société française de Sauvetage, qui prit la direction avec les pouvoirs les plus étendus pour rallier les sociétaires un peu hésitants et redonner sur des bases nouvelles l'essor et la vitalité un moment suspendus, pendant les années de 1892 à 1894. Il réorganisa tous les services, réunit en octobre 1892 tous les inspecteurs des postes de secours, confirma à chacun le rôle et le devoir qu'ils avaient à remplir laborieusement; des vacances s'étant produites en cette fonction, elles furent comblées par de nouveaux membres. Grâce à cet ensemble et aux modifications apportées, les postes furent, après la nomination des nouveaux inspecteurs, visités d'une manière sérieuse et les rapports envoyés à la Société dans des conditions plus régulières.

Noms des inspecteurs nommés en 1891 : Lapicida, Dunand, Houdet, Campeaux, Mournezon, Legent, Journeaux, Pinet.

Sont nommés inspecteurs honoraires en 1892 : Bailly, Roulet, Geyer, Luquiens.

Le 3 août 1892, M. Edmond Turquet, président à vie de la Société française de Sauvetage, fait savoir à M. Delarue, premier vice-président du Conseil de la Société, que, sa santé ne lui permettant plus de s'occuper des intérêts de la Société, il prie le Conseil d'accepter sa démission. M. Jules Delarue fit une démarche près de M. Boucher-Cadart, membre du Conseil de la Société des Sauveteurs de la Seine et de la Société française de Sauvetage pour lui offrir de la part de M. Turquet et de la Société la présidence. M. Boucher-Cadart fit observer qu'il y avait des membres plus méritants que lui à cette place d'honneur; la sollicitation de M. Turquet le décida. La Société

M. BOUCHER-CADART, O. ✳, ancien sénateur.
Président de Chambre à la Cour d'Appel de Paris.
Président de la Société Française de Sauvetage.
Élu Président en 1892.

s'est donc honorée en nommant M. Boucher-Cadart, président de cour d'appel à Paris, ancien sénateur, officier de la Légion d'honneur, président de la Société française de sauvetage. Elle doit à sa loyauté et son énergie la grandeur qui la développe et qui est appelée, dans l'avenir, à couronner l'œuvre de celui qui la préside.

C'est alors que le siège, qui était installé chez M. Cacheux, fut transféré en 1894 dans un local du rez-de-chaussée, 169, rue Saint-Jacques ; il ne resta que peu de temps en cet endroit. Neuf mois après, au commencement de 1895, un accord intervint entre M. Gomot, président de la Société des Sauveteurs de la Seine, et M. Boucher-Cadart, président de la Société française de Sauvetage ; la Société reprit sa place, 60, rue Monsieur-le-Prince (son ancien berceau), où elle siège actuellement.

Laissons-la continuer sa marche dont elle reçoit l'impulsion par les sections, vivants satellites qui la soutiennent et lui donnent la vie.

Pour clore cette première partie, je mets sous les yeux des lecteurs, et des sauveteurs en particulier, cette petite statistique sur les services que rendent les sauveteurs non seulement au point de vue humanitaire, mais surtout à la caisse de la Préfecture de police.

Il existe à la Préfecture de police un budget spécial relatif aux dépenses que nécessitent les repêchages des noyés morts ou vivants, les soins donnés ou les accidents survenus sur la voie publique. Pour le repêchage d'un noyé, s'il est mort, la prime due à celui qui le retire est de 15 francs ; en plus, frais pour la reconnaissance par le commissaire de police, transport à la Morgue, visite du médecin, inhumation personnelle, divers pour ce service ; le tout occasionne une dépense moyenne, pour la caisse de la Préfecture, de 56 francs par individu (minimum). Si la victime est retirée vivante, la prime est de 25 francs pour le repêchage ; le transport au poste le plus près ou ambulance volante, la visite du médecin, souvent transport l'hôpital, quelquefois, si la personne est revenue à elle, ça on la reconduit à son domicile, tous ces frais réunis varient de 60 à 70 francs par individu. Si la personne est reconnue de suite après les premiers soins, elle est conduite à son domicile; les frais sont de 30 à 40 francs.

Pour ce qui est des blessés sur la voie publique, soins donnés, transports à domicile ou à l'hôpital, la moyenne est de 30 francs. On compte une moyenne de trois cent cinquante repêchages par année aux frais de la Préfecture de police.

Ce chiffre ne comprend pas les sauvetages opérés par les membres des diverses sociétés de sauvetage; or, nos membres ne réclament presque jamais la prime à la Préfecture, les noyés fussent-ils vivants ou morts, et les soins que nous donnons en toutes circonstances sur la voie publique et en toutes occasions dans nos postes de secours sont payés par les deniers de la Société, c'est-à-dire par les cotisations des sociétaires, membres honoraires et donateurs, qui permettent à la Société d'installer des postes de secours qui sont quelques-uns d'un prix assez élevé et l'entretien des boîtes pharmaceutiques très coûteuses. Ce sont donc des frais et dépenses évités à la Préfecture de police, et si l'on résume approximativement les repêchages et les soins donnés depuis la création des Sociétés de Sauvetage en France, en admettant un minimum de 300,000 faits au maximum de 30 francs par individu, le chiffre le plus faible, cela produirait les beaux deniers de 9,000,000 (neuf millions) que la nation doit aux sociétés de sauvetage, et je suis bien au-dessous de la réalité comme chiffre.

BULLETIN

DE LA

SOCIÉTÉ FRANÇAISE DE SAUVETAGE

Reconnue d'utilité publique par décret du 3 août 1886.

Siège social : 60, rue Monsieur-le-Prince.

CONSEIL D'ADMINISTRATION

1898

MEMBRES D'HONNEUR

MM.

BOGGERS, Délégué de la Croix-Rouge.

BRUNEL, Président des Sauveteurs de Dieppe.

CAILLAS, Conservateur du Bois de Boulogne.

GÉRARD, Président de la Société des Sauveteurs de Meurthe-et-Moselle.

LEROUX, Capitaine des Sapeurs-Pompiers de Courbevoie.

MARGUERY, ✳, Président du Comité de l'*Alimentation parisienne.*

OZOUF D'ENTREMONT, Président-Fondateur des Mariniers-Ambulanciers.

BRUNEL, Président des Sauveteurs dieppois ;

GÉRARD, Président des Sauveteurs de Meurthe-et-Moselle ;

MESSONI, Commissaire de la Marine de Dieppe ;

COMTE DU VERNE, Président des Sauveteurs de la Nièvre ;

MIENVILLE, Trésorier des Sauveteurs de Meurthe-et-Moselle ;

CHRISTOPHE, Secrétaire général des Sauveteurs de Meurthe-et-Moselle.

FONDATEURS HONORAIRES

Président-Fondateur honoraire.

M. TURQUET, ✳, O, C. O., ✳, ancien Député, ancien Sous-Secrétaire d'État, ancien Président de la Société.

Vice-Présidents honoraires.

MM.

Delarue ✚, Ꝙ, ☉ ☉, ✳, ancien Vice-Président de la Société.

Nicolle, ✳, ✳, ✳, ancien Vice-Président de la Société.

Richel, ✳, Ꝙ, ✳, ancien Vice-Président de la Société.

Secrétaire général honoraire.

M. Hussenot, ✳, I. Ꝙ, ancien Vice-Président des Sauveteurs de la Seine.

Secrétaire honoraire.

M. Legent, ✳, I, Ꝙ, ancien Secrétaire du Conseil d'administration de la Société.

SOCIÉTÉ FRANÇAISE DE SAUVETAGE

ANNÉE 1903

CONSEIL D'ADMINISTRATION

Président.

M. Boucher-Cadart, O. ✻, I. ☉, C. O. ✻, ancien Sénateur, Président de Chambre à la Cour d'appel de Paris, 19, rue de Presbourg.

Vice-Présidents.

MM.

Sévilla, ☉, Directeur des Pompes funèbres, 104, rue d'Aubervilliers.
Bollot (le Commandant), O. ✻, ☉, ✻, 137, boulevard Saint-
Michel.
Farcy (H.), E, ✻, ancien Député, 9, avenue de La Bourdonnais.

Secrétaire général.

M. Cocheris (Jules), Avocat à la Cour d'appel, 13, rue de Savoie.

Secrétaire général adjoint.

M. Damico (Félix), ☉, ☉, Secrétaire de la Société des Secouristes
français, 7, r. Sainte-Beuve.

Trésorier.

M. Ancel, I. ☉, M. H., ✻, Expert-Comptable près la Cour d'appel
de Paris, 22, rue de Châteaudun.

Administrateurs.

MM.

Molina (F.), I. ☉, ✻ ✻, ☉, Négociant, 26, avenue de Reuilly, Cha-
renton (Seine).
Féolde, ☉, Docteur en médecine, 25, rue Mot, Fontenay-sous-Bois
(Seine).
Ramonat, ✻, Docteur en médecine, 51, avenue des Ternes.
Flandrin, ✻, Conseiller à la Cour d'appel, 12, cité Vaneau.
Robaglia, Lieutenant de vaisseau, 55, rue des Mathurins.
Hamon (Georges), I. ☉, Publiciste, 97, boulev. de Port-Royal.

8

ARGOUT, I. Q, Huissier, 3, rue Marty, Charenton (Seine).
PEYRÉ, Q, Docteur en médecine, 210, boulevard Voltaire.
DESPLAS, Pharmacien, 119, boulevard Voltaire.
PINTON, Q,Q, Négociant, 161. boulevard Voltaire.
REINIG, 47, avenue de Neuilly, Neuilly (Seine).

Présidents des Sections.

MM.

MOLINA (F.), I, Q, ✶ ✶, ⊙, Président de la Section de Charenton, 26, avenue de Reuilly, Charenton (Seine).
REINIG, Président de la Section de Courbevoie, 47, avenue de Neuilly, Neuilly (Seine).
FÉOLDE (le Dr), Q, Président de la Section de Fontenay-sous-Bois, 25, rue Mot, Fontenay-sous-Bois (Seine).
WOLF, Président de la Section de Saint-Denis, 10, rue Brise-Échalas, Saint-Denis (Seine).
MASURE, Q, Président de la Section de Puteaux, 24, avenue de Cartault, Puteaux (Seine).
GAROT, Président de la Section de Vincennes, 209, avenue Daumesnil.
DESTRUELS, I. Q, Président de la Section du IXe Arrondissement, 33, rue de Trévise.
FOURMONT, Q. Président de la Section du XIe Arrondissement, 2, avenue Parmentier.
BAUGRAND, Président de la Section du XIIe Arrondissement, 54, rue Michel-Bizot.
BRACARD, Président de la Section du XXe Arrondissement, dépôt de Bagnolet, rue du Bel-Air.
MATHIEU, Président de la Section de Choisy-le-Roy, Négociant, 71, avenue Villeneuve-Saint-Georges, Choisy-le-Roi (Seine).

Inspecteurs des Postes de Secours.

MM.

FÉOLDE (le Dr), Inspecteur en chef, 25, rue Mot, Fontenay-sous-Bois (Seine).
MOURNEZON, Inspecteur en chef adjoint, 181, avenue Daumesnil.
JOURNAUX, 7, Grande-Rue, Saint-Maurice (Seine).
CAMPEAUX, Ile-Saint-Denis (Lavoir du Progrès).
DUNAND, 34, rue de Poitou.
PINET, 4, rue Beuret.
SARRAU, 17, rue de l'Hôtel-de-Ville, Vincennes (Seine).
ALEXANDRE, Fontenay-sous-Bois (Seine).
MOLINA (Fernand), 24, rue de Charenton.

Agent comptable.

M. TÉRAL, 60, rue Monsieur-le-Prince.

RÈGLEMENT UNIFORME RÉGLANT LES RAPPORTS

DE LA

SOCIÉTÉ FRANÇAISE DE SAUVETAGE

AVEC SES SECTIONS

Les sections de la Société française de Sauvetage sont soumises à un *règlement uniforme* dont les dispositions essentielles sont les suivantes :

1º Toute section qui désire se constituer est tenue d'adresser au président de la Société une demande d'autorisation accompagnée d'un rapport relatif à ses éléments constitutifs. Le président soumet cette demande au Conseil, qui statue. Sa décision est transmise au président provisoire de la section par les soins du secrétaire général. Au cas où un groupement non muni de la dite autorisation prendrait le titre de Société française de Sauvetage, le Conseil d'administration en poursuivrait le représentant devant les tribunaux compétents ;

2º Une section n'est admise qu'après que le Conseil d'administration aura examiné sa composition, sa situation financière et aura statué sur son admission :

3º Le Conseil d'administration se réserve le droit de suspendre ou de dissoudre toute section qui, dans une circonstance quelconque, aurait compromis le bon renom et la dignité de la Société ;

4º La Société française de Sauvetage étant une association purement humanitaire et philanthropique, placée au-dessus des partis, il est interdit aux sections de prendre part à aucune manifestation politique, de quelque ordre que ce soit, et à leurs présidents de se servir de leur titre en matière politique ou électorale ;

5º Il est également interdit à leurs présidents, vice-présidents, secrétaires et trésoriers, ainsi qu'aux membres des sections, de faire usage public de leur titre en matière commerciale ou en toute autre matière étrangère à la Société ;

6º Les sections ne peuvent faire partie d'une fédération sans l'autorisation préalable du Conseil d'administration. Elles ne peuvent se prévaloir de leur titre, dans les Congrès, Concours ou Fêtes de Sauvetage, qu'après avoir reçu l'autorisation préalable du Conseil d'administration.

Les sections doivent adresser, chaque année, du 1er au 15 décembre, à titre de renseignement, un rapport signé du président, du secrétaire général et du trésorier, sur l'état moral et financier. Elles doivent adresser, à la même date, leur redevance au trésorier de la Société (5 francs par 20 membres ou fraction de 20 membres), ces redevances servant de base pour les délégations qu'elles peuvent envoyer à l'Assemblée statutaire. En cas de non-paiement dans les délais prescrits, la section n'aura pas le droit de prendre part au vote de ladite Assemblée ;

7º Il n'existe qu'une médaille et qu'un diplôme d'admission reconnus par la Société : ceux dont les modèles sont déposés au Siège social.

La médaille et le diplôme étant des signes distinctifs des sociétaires, ceux qui ne se conformeraient pas à cette règle seraient considérés comme étrangers à la Société ;

8º Les sections sont numérotées par ordre d'ancienneté ;

9º Il est interdit aux membres du bureau des sections de prendre le titre de président, vice-président, etc., de la Société française de Sauvetage; le titre officiel est : Société Française de Sauvetage, section de...,

10º Dans les cérémonies officielles, le représentant de chaque section prendra place, par rang d'ancienneté, immédiatement après le Conseil d'administration ;

11º Les présidents de section assistent aux séances du Conseil avec voix consultative et aux séances de Commission, auxquelles ils sont convoqués, avec voix délibérative ;

12º Les sections sont tenues d'informer le Conseil d'administration des dates de leurs Assemblées annuelles et des modifications apportées à leur bureau ;

13º Le médecin en chef de la Société est chargé de la surveillance générale des secours médicaux, d'accord avec le Comité médical central.

Les médecins des sections gardent la direction administrative et la responsabilité légale des services médicaux de leur groupe.

Le médecin chef de la Société est chargé de la direction de l'enseignement technique des ambulanciers et brancardiers, il rédige les programmes, préside et convoque les commissions d'examen. — Les diplômes et récompenses aux élus ambulanciers sont décernés sous sa signature.

Les ambulanciers diplômés de la Société française de Sauvetage portent seuls le *Brassard spécial à croix rouge* adopté par la Société. Ce port ne peut avoir lieu sans l'autorisation du président de la section, pour les fêtes, ou celle du médecin de la section, pour les postes de secours.

Une carte d'identité uniforme sera délivrée, aux frais des sections, à chaque ambulancier diplômé. Le diplôme est délivré gratuitement par la Société.

Les brassards ne pourront être portés que par les infirmiers diplômés de la Société, à la suite de l'examen annuel. Ces brassards sont uniformes, aux couleurs de la Société française de Sauvetage ;

14° Le port du costume est facultatif, mais il est uniforme pour toutes les sections. Il se compose d'une vareuse croisée en drap bleu foncé, avec ancres au collet et deux rangées de boutons portant les lettres S et F; d'un pantalon de même couleur et d'une casquette, avec ancre en or. Les galons, tant à la vareuse qu'à la casquette, sont rigoureusement interdits. Le président général (président de la Société mère) a, comme signe distinctif, trois étoiles en or à la casquette; les vice-présidents de la Société mère, deux étoiles en or et une en argent; les administrateurs de la Société mère et les présidents de Section, deux étoiles en or : les administrateurs des sections et les membres de leurs bureaux, une étoile en or et une en argent; les chefs de section, deux étoiles en argent; les sous-chefs de section, chefs brancardiers, moniteurs, une étoile en argent ;

15° Le Conseil d'administration récompense lui-même tous les sauveteurs qui se sont signalés par des actions d'éclat, qui lui auraient été signalés par les sections; il est néanmoins loisible aux sections de décerner leurs récompenses elles-mêmes à l'Assemblée générale annuelle de la Société, à l'exception du grand diplôme d'honneur qui ne peut dans aucun cas être décerné par les sections, mais après avoir déposé au Siège social les pièces justificatives, légalisées comme d'usage. Les diplômes devront être fournis par la Société mère, et porter la mention de la section ;

16° Les peines infligées par le Conseil d'administration, pour inobservation du présent règlement, sont le blâme, la suspension temporaire ou la radiation.

Fait et adopté en Conseil, le 24 septembre 1902.

Pour les membres du Conseil,

Le Président,
BOUCHER-CADART.

SOCIÉTÉ FRANÇAISE DE SAUVETAGE

Reconnue d'utilité publique (Décret du 3 août 1886)

Section de Charenton

LE SOCIÉTAIRE :

LE PRÉSIDENT DE LA SECTION,

Carte Expressément Personnelle

La Signature du Sociétaire est obligatoire au verso de cette carte.

Signature du Sociétaire

Adresse

Nº matricule

SIÈGE SOCIAL :

26, Avenue de Reuilly, 26

CHAPITRE VIII

C'était au moment de cette division générale préjudi-
ciable à la bonne harmonie qui avait présidé au début de
la Société française de Sauvetage, et qui fut comme une
blessure mortelle portée aux deux Sociétés ; il était donc de
toute nécessité de modifier, par une nouvelle évolution laborieuse, la transformation de ces deux sociétés sœurs. C'est
alors que M. Ferdinand Molina, notre très sympathique
président actuel, qui était à l'époque vice-président de la
Société des Sauveteurs de la Seine, membre du Conseil,
délégué de la Société française de Sauvetage, eut l'inspiration de créer la première des sections qui furent instituées,
celle de Charenton, en décembre 1889, secondé dans son
œuvre par un maître du sauvetage, notre ami et vice-
président Bapaille, membre du Conseil des Sauveteurs de
la Seine, prix Montyon, et par M. Choudey, chevalier de
la Légion d'honneur, capitaine des gardes du bois de
Vincennes, tous deux honorés des quatre médailles de
sauvetage du Gouvernement, en y joignant M. F. Delaye,
trois fois médaillé, tous membres de la Société des Sauveteurs de la Seine.

Sous le patronage de ces preux disciples du sauvetage,
la levée ne se fit pas attendre ; ils connaissaient d'avance
ceux qui étaient à même de combattre et dignes de tenir le
drapeau ; aussi vit-on se ranger ceux qui luttent et ceux
qui protègent. Grâce à cet ensemble, les premiers qui
formèrent l'avant-garde signèrent l'acte de naissance de
la section de Charenton. MM. Molina, Bapaille, Choudey,
Louis Journaux, Ravorat, Baillet, soutenus par des
hommes dont le cœur généreux n'hésita pas à mettre leur
bourse et leur influence à la disposition de la Société,

pour la soutenir dans sa création hardie et heureuse, Tels
furent les premiers fondateurs perpétuels qui versèrent,
les uns deux cents francs, les autres cent francs pour
la Société. Tous, il faut le reconnaître, contribuèrent
par le versement de sommes plus ou moins élevées. Le
mérite pécunier soutint le mérite moral en cette noble
création. Une large part de ces sommes furent versées
dans la caisse de la Société mère, afin de la soutenir ;
puis, moralement, le mérite de certains sociétaires lui
donna comme un prestige, que la section n'a jamais
cessé de renouveler, car l'éclat de notre faible institution rejaillit même sur la Société mère tout entière
grâce à ces généreux donateurs, membres perpétuels :
MM. Leclerc, notaire à Charenton ; Rollet, administrateur
du bureau de bienfaisance ; Stinville père, propriétaire ;
Mourer, négociant ; Harmann, chevalier de la Légion
d'honneur, négociant ; Giroux, propriétaire ; Foucault,
pharmacien ; Durs, négociant, ex-maire de Maisons-Alfort ;
Agnelet, ingénieur ; L. Argoud, officier ministériel à
Charenton ; Bécherel, propriétaire ; Bretillon, pharmacien ; Brieus, jeune négociant ; Constant Adolphe ; Ver-
becq, pharmacien ; Gross, maire de Bonneuil ; Leroy,
rentier ; le commandant Patin ; Webert Félix, rentier.

La section de Charenton étant née, elle n'avait qu'à
grandir, entraînée par le zèle que chacun apportait à
l'œuvre et à son développement, pour grouper et maintenir le prestige et la renommée de la Société française
de Sauvetage. Notre président, M. Molina, n'oubliant pas
qu'il était également administrateur de la Société des
Sauveteurs de la Seine et un de ses vice-présidents, frappa
d'un impôt indirect et facultatif, mais que l'on peut
avouer pour la bonne cause tout de même un peu forcé,
tous ceux qu'il put prendre comme otages ; cette sorte de
rançon alla grossir la caisse de la Société des Sauveteurs
de la Seine, un peu délaissée dans son œuvre. Mais nos
jeunes recrues, apportant leur force et leur vigueur,
formèrent une haie d'honneur pendant plusieurs années ;

lors des réunions annuelles, l'air retentit souvent du
son vibrant de notre jeune fanfare ouvrant et annonçant
la venue des vétérans de la gloire du sauvetage conduits
au palmarès, comme ces jeunes Grecs acclamant et chan-
tant les hauts faits des héros de Troie.

La première réunion générale eut lieu en mai 1890,
pour former le Conseil d'administration de la section de
Charenton, sous la présidence d'honneur de M. Dussault,
maire de Charenton. Furent élus : M. Molina, président
de la section; M. Rollet, premier vice-président ; Stain-
ville père, deuxième vice-président; Calmette, secrétaire
général) ; Boulay, secrétaire du Conseil ; Gravinar, trésorier. Membres du Conseil : Choudey, Bapaille, Delaye,
Raverat, Roullet, Rollin, Rey, Riquet, Leroux, Lombard,
Leclerc (notaire), Hartmann, docteur Delaporte, Schedelin, Mielle, Louis Journaux, Breton Boudrier, Mournezon (médecin principal, docteur Delaporte); pharmacien, M. Schedelin; M. Therr (inspecteur des postes de
secours). Louis Journaux (archiviste), M. Choudey.

La section, définitivement composée, se mit à l'œuvre,
en instituant des conférences, cours, pour former une
élite de jeunes sauveteurs, dont plusieurs déjà avaient
donné des preuves de courage. Ces premiers pas furent
assez heureux et la Société recueillit toute la sympathie
des personnalités dévouées à la grande cause du bien et
de la vaillance.

La première fête fut donnée dans la salle des fêtes de
la mairie de Charenton, le 29 mai 1892, sous la présidence
de M. Lefèvre, sénateur, assisté de M. le général Azais,
de M. Turquet, président de la Société des Sauveteurs de
la Seine, de M. Baulard, député, des délégations de Marseille, de Cognac, de Paris et de Beauvais, et de M. le
maire de Bonneuil, M. Gross (de Saint-Maurice), M. Gaultier, du maire de Charenton, président d'honneur, M. Dussault. La musique du 130e de ligne prêtait son gracieux
concours à cette solennité qui a vivement impressionné
l'assistance, à l'appel du palmarès, où quelques récom-

penses ont été décornées à des sauveteurs dont le mérite
était une gloire pour la section qui les possédait.

Cette première fête imposante fit sur la population
de la localité une impression qui définit à leurs yeux le
rôle de notre Société. Elle n'avait qu'à marcher de l'avant,
comme une avant-garde imposante défiant les forfaits,
les luttes de la nature et des éléments. Elle conquit sa
gloire, ce qui fit dire à certains esprits qui ne peuvent
atteindre ce sommet par leurs actes, mais qui y aspirent
dans les songes de la vanité, que nous n'étions qu'une
société de congratulation mutuelle. Cette manière de
définir leur infériorité semble la critique du bon Lafon-
taine, dans sa fable (*Le Renard et les Raisins*). Ils ne peuvent
faire acte que d'épouvante, ils ne peuvent accepter qu'il y
en ait qui soient audacieux en sacrifiant leur vie sans
restriction. Cette maxime dévoilée eut pour effet de former
la légion du devoir et l'anéantissement des hésitants. La
Société se sépara de ses politiciens et s'élança dans l'avenir.
Elle reforma en 1893 son contingent et sa prospérité, sous
la direction de son sympathique président, M. Molina, et
continua sa marche ininterrompue. Notre fanion étant
invulnérable, les sauveteurs de la section le sont devenus.

Il serait superflu de relater toutes les phases successives
qui ont guidé sa marche ascendante pendant les premières
années de sa fondation. M. Molina, son président, secondé
par tous les membres du Conseil, restés dévoués à la Société,
s'efforça, par l'harmonie bien établie dans les rôles dévolus
à certains administrateurs zélés, à donner tout l'éclat et le
prestige que sa mission lui dicte et qu'elle s'est efforcée
de maintenir toujours prospère, en créant ou patronant
des sections nouvelles qui donnèrent cette vitalité à la
Société mère.

La section de Charenton a donc conquis droit de prio-
rité, comme étant la première des sections instituées par
la Société mère ; mais ce titre, elle n'a jamais eu l'ambition de le revendiquer ; fille aînée, elle estime ses sœurs,
hors quelques incrédules, peut-être même jaloux, qui ne

savent la comprendre. Elle prouva sa vitalité et sa puissante organisation dans les décisions qu'elle prit et mit à
exécution. C'est ainsi qu'elle organisa tous ses postes-
sonneries et plaça dans les entrepôts des boîtes renfermant les médicaments de première nécessité, pour les soins
urgents qui peuvent être donnés. Cela n'empêche pas
le public d'avoir toujours recours, dans certains cas, au
médecin, si les blessures sont dangereuses.

La section fit tous ses efforts pour arriver à compléter
son matériel, par l'achat qu'elle fit de deux bateaux, dont
l'un porte le titre *Le Sauveteur* ; ce nom fut donné à ce
bateau par un généreux donateur ; le second a nom *Le
Boucher-Cadart*, en l'honneur de notre vénéré président de
la Société mère.

Les postes-sonneries se trouvent installés sur les rives
de la Seine et de la Marne :

1° Au ponton de Charenton, départ de bateaux ;

2° Berge des carrières, près le ponton ;

3° Ile de Saint-Maurice, le canal de la Marne ;

4° Quai de Morville, Alfortville ;

5° Au pont de Bonneuil ;

6° Chambre du Commerce, pont de Conflans, Ivry ;

7° A Gravelle, route du canal de Joinville, sur la
berge ;

Viennent ensuite les boîtes de secours, au moyen
desquelles les soins peuvent être donnés ; ces endroits
sont désignés par un fanion en tôle, suspendu par une
hampe en fer ; cette tôle représente un drapeau, sur les
faces est inscrite la légende de la Société. Sur tout le
parcours de la Marne, depuis Charenton, à la basse Seine,
Suresnes, partout où sont déposées des boîtes de secours,
le fanion flotte avec cette mention : « Société française
de Sauvetage, poste de secours, » lettres noires ressor-
tant sur un fond gris avec épaisseur rouge ou bleue ; tels
sont peints les postes-sonneries, avec cette mention. Ces
engins sont à la disposition du public et sous sa sauvegarde. Les engins se composent d'une cloche munie

Poste-sonnerie en fer, vue de face, créé en 1896.
Modèle Louis Journaux, déposé.
Propriété de la Société française de Sauvetage.

Poste-sonnerie en fer, vue de profil, créé en 1896.
Modèle Louis Journaux, déposé.
Propriété de la Société française de Sauvetage.

d'une chaîne, d'une bouée et d'un croc ; parmi les postes-sonneries existants, les quatre derniers sont tout en fer. Ce modèle, très simple et d'un genre nouveau, a été créé en 1896, par l'inspecteur des postes du service de la section et de la région (Louis Journaux). Sa structure est tout en fer, très légère et d'une solidité à toute épreuve. Monté sur une tige en fer à T, à 0^m,10 d'épaisseur, que soutient une jambe de force de 2^m,50 de longueur, il résiste très bien à la poussée des vents ; son armature en tôle, formant boîte ouverte en dessous, permet de préserver la bouée contre l'intempérie des saisons et ménage sa durée. La cloche placée au milieu, dans une sorte de lyre, se détache d'une façon assez originale ; le tout recouvert d'une petite toiture en zinc, finit l'ornementation qui donne la hauteur, du sommet à la base, terminée par une bande que soutiennent deux arcs-boutants en fer, de 4^m,20. Ce petit monument, vu d'ensemble, paraît un jouet musical, placé non pour la sinistre mission qui lui incombe, mais pour parer et orner la tristesse des berges. Ce modèle, déposé au tribunal de commerce, reste la propriété exclusive de la Société française de Sauvetage.

Les boîtes de secours avec les fanions sont placées aux endroits voulus et sous la surveillance de la section, sans limite de territoire. Tels sont les postes établis pour la région de Charenton :

1. Grande-Rue, 67, chef de poste, Delaye.
2. Maisons-Alfort, à la mairie.
3. Quai des Carrières, 23, M. Victor Foucart.
4. Moulin, bateau Bonneuil ; chez le maire, M. Gross.
5. Quai de Morville, 28, M. Guy, pêcheur.
6. Boîte du bateau *Le Boucher-Cadart*.
7. Plateau de Gravelle, au chalet, M. Poulain.
8. Ile de Joinville, à la péniche, Mme veuve Loyer.
9. Ile Saint-Pierre, Alfortville, M. Parot, restaurateur.
10. Quai de la Marne, Alfort, Mme Veuve Studinger.
11. Pont de Ris-Orangis, M. Colas, batelier.
12. Choisy-le-Roi, M. Lecoq.

13. Thiais, à la Mairie.
14. Route de Créteil, école communale d'Alfort.
15. Rue des Moulins, à Alfort, M. Crétin, au Sept-
    Arbres.
16. Grande-Rue, à Maisons, 104, couvent de Saint-
    Joseph-de-Cluny.
17. Chambre de Commerce, sur le port, à Ivry.
18. Pont d'Etiolles, Evry-Petit-Bourg, gardien du pont.
19. Berge de l'écluse, à Saint-Maurice, Gravelle,
    maison Delamatte.
20. Différentes boites sont placées aux écoles commu-
    nales de Saint-Maurice et de Maisons-Alfort.

En cette année 1901, tous les regards et la pensée furent
attirés par la catastrophe qui advint du naufrage de ce
grand vapeur *La Russia*. Les péripéties de ce drame dou-
loureux avaient jeté la consternation sur la côte; pendant
cinq longs jours, la population de cet endroit fut dans l'angoisse de cette lutte contre les éléments; le triomphe des
hardis sauveteurs est une gloire digne de figurer en ces
annales. C'est alors que la section de la Société française
de Sauvetage, par la généreuse et belle pensée de son
secrétaire général, M. Argoud, titulaire de la médaille de
sauvetage du gouvernement, prit l'initiative, pour glorifier
ces frères de la côte, de donner en leur honneur une
grande fête où ils furent convoqués pour venir à Paris.
Une chaleureuse ovation leur fut faite par le public. Telle
fut cette grandiose solennité qu'acclama la presse et que
sanctionna M. le ministre en recevant la délégation qui lui
fut présentée:

Le dimanche 10 mars 1901, dès midi, plus de mille
personnes envahissaient la salle des fêtes de la mairie de
la ville de Charenton (Seine).

Cette séance devait être présidée par M. Doumer, gouverneur de l'Indo-Chine, membre d'honneur de notre
Société, de passage à Paris. Des empêchements diploma-
tiques l'ayant retenu, il délégua le chef de sa maison
militaire, M. le colonel Nicolas.

Qu'y venait faire cette foule imposante? Elle avait été attirée par l'assemblée générale annuelle de la première section de la Société française de Sauvetage qui, à deux heures, devait y tenir ses assises.

Elle y venait pour saluer les sympathiques délégations des sauveteurs de Charleville, de Dijon, attirées de loin pour répondre à son mot de ralliement, celles de province et de Paris accourues en grand nombre, et enfin, les héroïques canotiers de Carro et des Saintes-Maries-de-la-Mer, qu'un membre du conseil, M. Levecq, le dévoué président d'honneur, fondateur de l'importante association des Vétérans des armées de terre et de mer, était allé saluer à la gare en ces termes :

Camarades,

Je suis heureux, je suis fier d'être appelé à l'insigne honneur de venir, au nom de notre Société française de Sauvetage, vous souhaiter la bienvenue, au moment où, répondant à notre appel, vous venez en notre laborieuse et patriotique ville de Charenton, de votre présence, honorer notre fête de sauvetage.

Pendant cinq journées entières, la *Russia* échouée subissait les furieux assauts de le tempête déchaînée; sa perte paraissait fatale, irrémédiable.

Pendant cinq journées entières, bravant les dangers, les périls, vous disputiez à la mort les victimes qu'elle semblait avoir marquées fatalement.

De vous seuls, intrépides marins, les naufragés attendaient leur salut; vous étiez leur unique espérance; le monde entier attendait plein d'angoisse l'issue de cette lutte contre les éléments déchaînés. Grâce à vos efforts surhumains, passagers et équipage de la *Russia* vous doivent l'existence.

Après une allocution chaude et vibrante de M. Certeux, délégué du ministre du Commerce, M. d'Ollendon, inspecteur de l'enseignement, délégué du ministre de l'Instruction publique, a pris la parole en des termes qui lui ont valu tous les suffrages. Nous en reproduisons le passage suivant :

Mesdames, messieurs,

M. le ministre de l'Instruction publique et des Beaux-Arts m'a chargé de le représenter à la grande fête annuelle de la première section de la Société française de Sauvetage.

Il a fallu, vous n'en doutez pas, que bien impérieux fût l'empêchement qui le retient loin d'ici, pour qu'il se soit privé du plaisir de se trouver au milieu de vous et de vous témoigner par sa présence la vive sympathie qu'il porte à votre œuvre.

Ce n'est pas seulement de la sympathie que vous doit M. le ministre de l'Instruction publique, c'est aussi de la reconnaissance. S'il partage, en effet, l'admiration que font naître chez tous les actes de dévouement et d'abnégation des braves sauveteurs français, il salue en même temps en eux des collaborateurs précieux de l'œuvre d'éducation nationale dont il a la charge.

En effet, le bien que vous faites ne se limite pas à ces résultats visibles, palpables, dont il vous a été fait, dont on vous fera l'émouvant récit.

Sans doute, grâce à vos efforts héroïques, des existences humaines sont arrachées à une mort certaine, des êtres prêts à périr sont rendus à leurs familles, à la société, et le sublime dévouement des braves canotiers de Carro et des Saintes-Maries dit au monde entier que le Français n'a pas dégénéré.

Mais, en plus de ces vies sauvées, du bon renom de la France que vous portez au loin, vous donnez à tous un exemple qui engendrera de nouveaux dévouements.

Grâce à vous, dans les dernières écoles de nos communes, de nos hameaux, les petits Français sentent les larmes leur monter aux yeux, l'émotion remplir leur cœur, lorsque nos instituteurs, nos institutrices leur font le récit des actes héroïques qu'accomplissent les sauveteurs.

Et ce n'est pas une stérile émotion que nous avons ainsi éveillée dans l'âme de nos enfants. Nous y avons fait germer l'esprit de solidarité, le désir de suivre les exemples venus de vous, la volonté ferme, arrêtée, d'aimer leurs semblables, leur patrie, jusqu'au sacrifice de leur propre vie.

A ce point de vue, j'avais donc raison de dire que vous êtes d'admirables auxiliaires de l'Université, des collaborateurs précieux pour les éducateurs français, puisque ces derniers n'ont qu'à dire ce que vous avez accompli aux enfants que leur confient les familles, pour leur donner une leçon de la plus haute portée morale.

Il avait entendu cette leçon et il a su la mettre en pratique, cet enfant d'une école voisine, de l'école de la rue Victor-Hugo, à Alfortville, pour lequel, hier, en même temps qu'il me chargeait de le représenter à cette fête, M. le ministre de l'Instruction publique me remettait un volume à titre de récompense.

Cet enfant a sauvé, il y a quelques mois, un de ses petits camarades qui se noyait.

9

Messieurs les sauveteurs français, c'est certainement un enfant de vos œuvres, le fruit de vos exemples, que cet acte de sauvetage accompli par notre petit sauveteur d'Alfortville, et les félicitations que je vais lui apporter de la part du ministre, vous devez en avoir aussi votre part.

A leur tour, MM. l'abbé Boutière, président du Comité des sauveteurs de Carro, Alsac, président des Sauveteurs samtois, ont l'un et l'autre retracé en termes d'une simplicité émouvante les diverses péripéties du sauvetage du paquebot *Russia*, échoué, en janvier 1901, sur la côte française de la Méditerranée, près du port de Faraman. Leur récit a été entrecoupé par de frénétiques applaudissements qui touchaient au délire.

Quoi de plus dramatique, en effet, que ce sauvetage (où 105 personnes furent entièrement sauvées), dans des conditions à la fois si émouvantes et si héroïques?

Vous avez tous vu la mer, amis lecteurs; généralement au cours de la belle saison, alors que les chaleurs de l'été vous appellent aux plages à la mode. Vous l'avez admirée dans son calme majestueux, contemplée, non sans quelque secrète terreur, dans ses caprices; vous avez médité sur son immensité mystérieuse. Peu d'entre vous l'ont pu voir dans ses terribles colères.

C'est là, dit le vice-amiral baron Alquier dans le discours émouvant qu'il fit, lors de la dernière distribution des récompenses de la Société centrale de Sauvetage des naufragés, aux héros d'épopées maritimes; c'est là qu'il faut prendre le sauveteur pour le bien apprécier.

Enveloppé dans son costume de toile huilée, cette carapace le rend un être surnaturel (il l'est en effet); dans cette chrysalide mystique éclot le courage. Les rigueurs de l'hiver ont succédé aux douceurs de l'été. Les nuits sont longues et froides, les journées courtes. La brise est fraîche, la mer dure, et sous la menace du mauvais temps qui s'approche, les pêcheurs sortis depuis plusieurs jours sont rentrés au port, fatigués, mouillés, transis malgré leurs gros vêtements de mer. Ils se reposent.

Soudain, au milieu de la nuit retentit le coup de canon qui signale un navire en détresse, bientôt suivi du bruit de la trompe appelant à leur poste les canotiers de sauvetage. Ils se lèvent et s'habillent en hâte, et n'hésitent pas à faire à pied, comme les canotiers, des Saintes-Maries, plus de 40 kilomètres dans une nuit terrible pour aller sauver leurs frères en danger. Ni les femmes ni les enfants ne les retiennent. Les femmes savent où ils vont et les aident. Tout à l'heure, elles prieront.

Soyez tranquilles, il n'en manquera pas un. Si par hasard quelqu'un d'entre eux est retenu par la maladie, il s'en présentera dix pour le remplacer.

Le canot est lancé, et ils partent.

Ils ne s'inquiètent pas de savoir si le navire en danger est français, anglais, allemand ou russe; ils savent seulement qu'il y a là-bas des hommes qui vont mourir et qu'il faut les sauver.

Dans la lutte qu'ils entreprennent, ils n'ont pas pour les soutenir la griserie des champs de bataille, le bruit du canon, le crépitement de la fusillade, les sons entraînants du clairon, les hourras victorieux, l'énergie farouche et féroce de l'homme qui, tenant une arme entre ses mains, donne la mort ou la reçoit.

Non, la bravoure de l'homme de mer est faite de sang-froid, de prudence, d'audace, quelquefois de témérité; mais il faut que cette témérité vienne à son heure; à l'avoir trop tôt ou trop tard, il y a danger de mort. Eh bien! c'est l'âme de nos braves sauveteurs qui sont ici représentés.

Nos héroïques sauveteurs Domenge (Victor), patron, Imbert (Louis-Joseph), Imbert (Antoine), Ansaldo (Marius), Fouque (Paul), Fouque (Maurice), Fouque (Jules), Fouque (Bernardin), Imbert (Armand), Gabriel Truco (Xavier), de Carro; Sellier (François), patron, Taillet (Baptistin), sous-patron, Sellier (Baptistin), Sellier (Henri), Aillet (Honorat), Maximin (Marius), Boisset (Jean), Boisset (Joseph), des Saintes-Maries, et nous en passons... nos héroïques sauveteurs, disons-nous, s'en vont, perdus dans la nuit profonde, fouettés par le vent, la mer, la pluie, courbés sous la lame qui à chaque instant les inonde, assourdis par la grande voix de la Méditerranée qui gronde et les sifflements de la tempête.

Reviendront-ils ? Peut-être.

Ils ne songent pas à cela.

Et quand, à force de courage, d'efforts persistants, d'habileté, ils ramènent au port les naufragés, ils n'en sont pas plus glorieux. L'âme tranquille, ils rentrent chez eux. Demain, ils recommenceront, s'il le faut, avec le même et simple esprit de sacrifice et de dévouement...

Pour notre part, nous souhaitons ardemment que le gouvernement, soucieux de son devoir, vienne enfin récompenser comme ils le méritent ces modestes héros dont l'âme est si bien trempée qu'on peut avec eux tout entreprendre et tout espérer.

En attendant, et dans sa sphère bien infime et les faibles ressources dont elle dispose, la première section de la Société française de Sauvetage a attribué aux marins de Carro et des Saintes-Maries, en l'honneur desquels sa fête avait été en partie organisée, deux grands diplômes d'honneur avec médailles d'or.

Les années qui suivirent furent de plus en plus rehaussées par l'éclat des fêtes annuelles et l'extension la plus étendue qu'il fut possible de donner. Cette croisade fut la création de plusieurs sections : celles de Puteaux, Fontenay-sous-Bois, Asnières, Vincennes, Thiais. Sur les rives conquises des berges de la Seine et de la Marne où sont installés nos postes-sonneries, je citerai le dernier, celui qui fut installé dans cette cité industrielle où l'activité semble préparer à chaque instant un danger permanent, celui qui fut placé à Ivry-Port en juin 1902. Ce poste fut accueilli comme une espérance pour ceux qui souffrent. Une pétition de plus de 80 signatures avait demandé près du Conseil municipal de cette ville cette sauvegarde du travailleur.

Voici le bilan, depuis la création de la section de Charenton, des sauvetages accomplis par ses membres, actes de courage et soins donnés en toutes circonstances qui s'élèvent à un chiffre qui donne à la pensée cette réflexion : « Que de vies arrachées aux dangers qui les guettaient comme une proie, pour les entraîner dans l'oubli ! » Et ces tristes victimes que la mort entraîne au fond de l'eau, elle entrevoit parfois comme dans un songe la lutte qui les enlace, puis le réveil qui les surprend ; le sauveteur guettait, il est arrivé, les a saisies, et c'est tout.

Ainsi il a été retiré de l'eau, vivantes : 72 personnes.

Accidents divers signalés par l'appel des postes-sonneries : 80 faits.

Les soins de toutes sortes donnés sur les pontons ou postes de secours et sur la voie publique sont au nombre de 192.

Total : 344 faits.

Ces chiffres définissent bien que cette institution humanitaire est vraiment d'utilité publique, ainsi que ceux qui remplissent ces fonctions, toutes de dévouement à la cause commune. Les désirs et la bonne volonté même qui animent ces cœurs généreux et vaillants n'ont pour l'avenir que la souffrance, car on est encore à créer l'hôtel des invalides du sauvetage, la maison de retraite tant de fois demandée dans les discours des congrès. Chaque jour enregistre des misères et parfois on reconnaît un médaillé estropié dans cet acte de dévouement, par la suite devenu infirme et réduit à la mendicité, comme ce courageux sauveteur du Bazar de la Charité, ayant eu la médaille d'or, arrêté comme vagabond : l'infirmité contractée en cet incendie ne lui permit plus de faire son métier, il dut mendier autour des gares pour se faire quelques sous, en déchargeant ou chargeant des colis sur les voitures. Et celui qui, devenu aveugle, réduit à mendier, portait la médaille militaire, et était titulaire de deux médailles de sauvetage; et tant d'autres estropiés des suites d'un acte de courage. Que vont devenir les enfants et les veuves ? Après tous ces actes, les sauveteurs passent inaperçus. Puisse l'ère de la justice rayonner dans un temps proche! les vœux sont multiples qui réclament cette juste récompense.

L'assistance aux sauveteurs. Mais c'est le vœu de tous, on ne cesse d'en parler, chaque congrès le place à son ordre du jour, puis il reste dans le néant.

Les journaux de Paris et de la France entière sont remplis de récits de ces cœurs vaillants qui meurent de misère faute d'un secours :

Un ancien pêcheur de Cette, le père Boudet, connu et estimé de toutes les sociétés de sauvetage du midi de la France, n'en est plus à compter les médailles d'honneur du gouvernement pour les sauvetages qu'il a opérés dans sa longue carrière.

Les actes de dévouement portés à son actif sont innombrables; il nous suffira de dire que le ministre lui a, de 1843 à 1889, décerné deux médailles d'honneur en argent, deux autres en or, et que, par décret de M. le

Président de la République en date du 1er juillet 1886, le « père Boudet » a été fait chevalier de la Légion d'honneur.

Eh bien, cet homme de cœur, octogénaire et sans famille, se mourait l'an passé de faim et de misère. Il a fallu une campagne de presse, à laquelle se sont associés des cœurs généreux, pour attirer sur lui l'attention des pouvoirs publics.

Combien, comme lui, subissent le même sort cruel, luttant avec désespoir le combat de l'existence, et quelquefois, de guerre lasse, mettant volontairement fin à leurs jours.

Des sociétés nombreuses se presseront aux obsèques, bannières déployées; parfois on rendra les honneurs militaires; des discours vibrants seront prononcés sur la tombe de ces héros obscurs et malheureux.

Non, il n'est pas juste que celui qui, au mépris de ses intérêts, de ses chères affections, exposa sa vie pour ses semblables, meure de la sorte, le cœur navré de l'indifférence des hommes...

... Certes, la reconnaissance est beaucoup; elle ne suffit pas pour vivre. Encore, cette reconnaissance est-elle vraie? Hélas! les héros d'hier sont bien vite oubliés, perdus dans le flot des actualités qui, à leur tour, ont besoin qu'on parle d'elles.

Il importe de remédier à cette injustice et nous ne saurions trop attirer sur ce point l'attention des députés et des membres du Congrès.

En Angleterre, les sociétés de sauvetage émargent au budget de l'État et les communes donnent des subventions qui s'élèvent jusqu'à 100,000 francs. La Belgique donne près de 25,000 francs. En France, presque rien, à peine de quoi acheter du matériel.

Presque toutes les sociétés de sauvetage sont des sociétés de secours mutuels, en ce sens qu'elles ont pour but de donner les soins du médecin et les médicaments aux sociétaires malades, de leur allouer une indemnité pendant le temps de leur maladie, de pourvoir à leurs frais funéraires et même, dans certains cas, d'accorder une indemnité, s'il y a lieu, à la famille du sociétaire décédé. Hélas! le plus souvent, les caisses sont trop pauvres.

Nous demandons davantage. Pourquoi les sociétés de sauvetage reconnues par l'État ne seraient-elles pas des sociétés de prévoyance, subventionnées comme leurs sœurs de l'étranger, sous le contrôle direct de l'État comme les sapeurs-pompiers ?

La Société des Sauveteurs de la Seine médaillés a planté le jalon de l'assistance à tous les sauveteurs, mais sa caisse est bien minime; il est temps que toutes les sociétés s'unissent entre elles et ne forment qu'une seule et même famille : l'unité des cœurs et la caisse commune pour tous les sauveteurs de France. Quel beau jour sera celui où, au nom de l'humanité, on inaugurera l'hôtel des invalides du sauvetage et la maison de refuge des orphelins de la bravoure et du dévouement!

Or, il ressort des statistiques que c'est dans les rangs du peuple que se recrutent le plus grand nombre de sauveteurs, c'est-à-dire parmi ceux qui ont le plus à souffrir de leur héroïsme, souvent ils en sont victimes. Sans bénéfice et parfois privés d'un membre, ou affaiblis, ne pouvant plus travailler, la misère apparaît au foyer, il n'y a plus qu'à pleurer; la femme et les enfants manquent de pain, celui qui était le seul soutien ayant disparu. C'est à la nation de le remplacer. Quand donc ce phare viendra-t-il éclairer d'un rayon d'espérance ceux qui souffrent pour l'humanité? Quel beau rôle pour ceux qui représentent la nation de déposer sur le bureau de l'Assemblée cette motion d'accorder le terrain sur différents territoires pour l'érection de maisons de retraite pour les orphelins et les invalides du sauvetage. Ce sera le premier jalon, les souscriptions viendront ensuite. Alors, la France aura donné à l'univers sa dernière leçon d'humanité.

Ce petit aperçu a été écrit dans le but de faire connaître, dans un abrégé historique, les phases et les actes qui ont aidé à la formation de la Société des Sauveteurs de France, la première reconnue, jusqu'à la Société française de Sauvetage qui en est une des branches. Le titre d'une société n'est rien; seuls les hommes font sa gloire. L'antiquité a eu ses sauveteurs d'un genre qui peut se traduire humanitairement ou politiquement; leur but était le même : sauver leurs semblables par le sacrifice personnel, par l'action, la pensée ou l'écrit.

CHAPITRE IX

COMPOSITION DES SECTIONS

DE LA

SOCIÉTÉ FRANÇAISE DE SAUVETAGE

SECTION DE CHARENTON

CONSEIL D'ADMINISTRATION
1903

PRÉSIDENTS D'HONNEUR
MM.

Azaïs (le général), ✳, ancien président des Sauveteurs de la Seine.
Aubin (le docteur Charles), président des Sauveteurs de Toulon (Var).
Baulard, député, Joinville-le-Pont (Seine).
Beaumont, président des Sauveteurs de Cette (Hérault).
Bonniot, président des Sauveteurs de Marseille (Bouches-du-Rhône).
Brunel, président des Sauveteurs de Dieppe (Seine-Inférieure).
Chenal, I. Ọ, ancien maire de Maisons-Alfort (Seine), conseiller
   général.
Deloncle (Charles), ✳, chef du cabinet du ministre de l'Agriculture,
   20, rue Boccador, Paris.
Doumer, gouverneur général de l'Indo-Chine.
Dussault, ✳, maire de Charenton.
Garrigou-Désarènes (docteur), ✳, chirurgien en chef de la Société
   française de Sauvetage, 95, rue des Petits-Champs, Paris. (Décédé.)
Gaultier, I. Ọ, maire de Saint-Maurice (Seine).
Gomot, ✳, sénateur, président des Sauveteurs de la Seine.
Gross, I. Ọ, maire de Bonneuil (Seine), conseiller général.
Lefebvre, I. Ọ, sénateur, Montreuil-sous-Bois (Seine).

MEMBRES D'HONNEUR
MM.

Alsac, ✳, président des Sauveteurs des Saintes-Maries-de-la-Mer
   (Bouches-du-Rhône).
Baudon, à Charleville.
Baupuis (Jean), Arcachon (Gironde).
Bemeur, Toulon (Var).
Bernard (Paul), député, 53, avenue des Gobelins, Paris.
Bilhaut (le docteur), 180, rue de Vaugirard, Paris.
Bilhaut, artiste peintre, 24, avenue Quihou, Saint-Mandé (Seine).

Boutière (l'abbé), curé de Couronne, présid. des Sauveteurs de Carro
Boyron, juge de paix, 6, rue Lebel, Vincennes (Seine).
Brunel, président des Sauveteurs de Dieppe (Seine Inférieure).
Cadeau (Robert), 62, rue des Mathurins, Paris.
Calmette, 1, rue de Châteaudun, Nogent-sur-Marne (Seine).
Calupi, Marseille (Bouches-du-Rhône).
Cancalon (le docteur), ex-médecin chef à Blois.
Cornu, Dieppe (Seine-Inférieure).
Cuvillier, commissaire de police, Charenton.
Daccone, Marseille (Bouches-du-Rhône).
Davéo (le docteur-chirurgien), rue Christine, Paris.
Delbos, 1, quai de Marne, Alfort (Seine).
Domenge, patron du canot de sauvetage de Carro (Bouches-du-Rhône).
De Wecker (le docteur-chirurgien), ✳, 31, avenue d'Antin, Paris.
Dunergne (comte), président des Sauveteurs de la Nièvre.
Favier, I. Q, 14, rue Paul-Bert, Alfort.
Fourmont, I. Q, président de la section du XIe arrondissement, Paris.
Gerbert, président de la Société des Saints-Maritains, Cologne (Allemagne).
Lecque (marquis), Beauvais (Oise) (Décédé.)
Marguery, ✳, 34, boulevard Bonne-Nouvelle, Paris.
Maris (docteur), ✳, médecin en chef à l'asile de Villejuif (Seine).
Marquet, I. Q, juge de paix, Charenton.
Merlin (Joseph), Toulon (Var).
Michel aîné, secrétaire général des Sauveteurs de Toulon (Var).
Noblemaire, ✳, directeur de la Compagnie des chemins de fer
    P.-L.-M., Paris.
Noté, ✳, artiste de l'Opéra, Colombes (Seine).
Parnet, commissaire de police, Paris.
Patty, artiste de l'Opéra, 11 bis, rue Labouret, Colombes (Seine).
Petitot (docteur), Parc-Saint-Maur (Seine).
Proux, Marseille (Bouches-du-Rhône).
Révol, agent voyer, 35, rue du Marché, Charenton.
Roulet, 7, Grande-Rue, Saint-Maurice.
Sevilla, I. Q, 104, rue d'Aubervilliers, Paris.
Silvestre, Marseille (Bouches-du-Rhône).
Thomas, Toulon (Var).
Vachier (Henri), ✳, Toulon (Var),
Yann-Nibor, ✳, 2, rue Royale, Paris.

MEMBRES PERPÉTUELS

MM.

Agnelet, ingénieur, Maisons-Alfort (Seine).
Argoud (Louis), I. Q, 3, rue Marty, Charenton.

Bécheret, 10, rue du Grand-Bout, Fontenay-sous-Bois (Seine).
Brétillon, I. O, 1, r. du Marché, Charenton.
Brieu jeune, I. O, 4, boulevard de Bercy, cour Cannonge, Paris.
Constant (Adolphe), Beauvais (Oise).
Derbecq, I. O, 24, rue de Charonne, Paris.
Durst, I. O, ex-maire de Maisons-Alfort (Seine).
Foucault, 69, avenue du Maine, Paris.
Garot, I. O, 209, avenue Daumesnil, Paris.
Gross, I. O, maire de Bonneuil (Seine).
Hartmann, ✻, château de Conflans, Charenton.
Jusseaume (docteur), 12, rue Saint-Bernard, Paris.
Leclerc, notaire, 45, rue de Paris, Charenton.
Leroy.
Mourer, ✻, négociant, Magasins Généraux, Charenton.
Patin (le commandant), 5, rue de l'Abbé, Alfortville (Décédé.)
Portemer, officier ministériel, rue Marty, Charenton.
Raisin, Beauvais (Oise).
Rollet, 37, rue de Paris, Charenton.
Stinville, 7, avenue de Stinville, Charenton.
Vibert (Félix), à Levroux (Indre).
Giroux, Charenton. (Décédé.)

Président de la Section.

M. Molina, I. O, (Ferdinand), 26, avenue de Reuilly, Charenton.

Vice-président d'honneur.

M. Bapaille, ⊙, 1er vice-président, chef du départ des Bateaux-Express, 44, rue de Villeneuve, Alfortville (Seine).

Vice-président.

M. Brétillon. I. O.

Secrétaires généraux.

MM.
Argoud (Louis), I. O, officier ministériel, 3, rue Marty, Charenton.
Frelastre, I. O, secrétaire-adjoint, 5, rue des Quatre-Vents, Charenton.

Secrétaire du Conseil.

M. Camuzat, inspecteur d'assurance, 33, rue de Saint-Mandé, Charenton.

Porte-drapeau.

M. Auffret, 35, rue Marceau, Montreuil-sous-Bois (Seine).
M. Lecolant, adjoint, 12, rue de Paris, Charenton.

Dame ambulancière.

Mme FRELASTRE, Q, 5, rue des Quatre-Vents, Charenton.

Trésorier.

M. JOURNAUX, Q, (Louis), industriel, 7, Grande-Rue, Saint-Maurice (Seine).

Administrateurs-membres du Conseil.

MM.

BRÉTILLON, I. Q, pharmacien, 1, avenue du Marché, Charenton.
DELAYE, 65, Grande-Rue, Saint-Maurice (Seine).
GAROT, I. Q, 209, avenue Daumesnil, Paris.
LECOLANT, 3, rue du Pont, Charenton.
LÉVECQ, 12, rue des Carrières, Charenton.
MARQUET, I. Q, 31, avenue Alphand, Saint-Mandé (Seine).
MIELLE, 33, rue Claude, Alfort (Seine).
MOLINA (Fernand), I. Q, 24, rue de Charenton, Paris.
PATIN, 5, rue de l'Abbé, Alfortville (Seine). (Décédé.)
QUEST, I. Q, 8, rue du Parc, Charenton.
RIOUALLEC, 3, rue du Pont, Charenton.
WOLFF, 56, rue Jean-Jacques-Rousseau.

Inspecteur des postes de secours de la région.

M. JOURNAUX (Louis) Q, industriel, 7, Grande-Rue, Saint-Maurice.

Service médical.

M. le docteur SAUVAGNAT, 15, rue du Marché, Charenton.

Service pharmaceutique.

MM.

BRÉTILLON, I. Q, pharmacien en chef, 1, avenue du Marché, Charenton.
THERR, pharmacien, 26, Grande-Rue d'Alfort, Alfort.
RIOUALLEC, 3, rue du Pont, Charenton.

Commission des finances.

MM.

FRELASTRE, Q, 5, rue des Quatre-Vents, Charenton.
RIOUALLEC, 3, rue du Pont, Charenton.

SOCIÉTÉ FRANÇAISE DE SAUVETAGE

FONDÉE EN 1889,

Reconnue d'utilité publique par décret du 3 août 1886.

SECTION DE LA VILLE DE CHARENTON

RÈGLEMENT INTÉRIEUR

ARTICLE PREMIER. — La Société française de Sauvetage (section de Charenton) a pour objet, en dehors de son but principal, de venir en aide aux infortunes de toute nature qui lui seront signalées.

ART. 2. — Le siège de la section est fixé chez son Président.

ART. 3. — La Société se compose :

De membres perpétuels; de membres honoraires; de souscripteurs annuels; de membres actifs, lesquels seront régis par un règlement spécial.

ART. 4. — Le maire de Charenton est de droit officiellement Président d'honneur.

ART. 5. — Le titre de président d'honneur pourra être également donné à toute personne qui fera un don important ou qui rendra des services signalés à la section.

ART. 6. — La section est administrée par un Conseil de 25 membres, composé, en dehors du ou des présidents d'honneur, de :

1 président, 2 vice-présidents, 1 trésorier, 1 trésorier-adjoint, 1 secrétaire, 1 secrétaire-adjoint, 1 archiviste, 1 médecin chef du service médical, 1 pharmacien chef du service pharmaceutique, et de 16 administrateurs.

ART. 7. — Le président est élu pour trois ans.

Les membres du Conseil sont renouvelés par tiers, chaque année, à l'Assemblée générale qui aura lieu dans le courant du mois de juillet; pour établir le roulement, il sera procédé, dans ce mois de chacune des deux premières années, par voie de tirage au sort, à la désignation du tiers des membres sortants.

Tous les membres sortants sont rééligibles.

En cas de vacances, par décès ou démissions, il sera procédé à la nomination de nouveaux Membres dans le mois qui suivra, mais les Membres ainsi élus ne seront nommés que pour le temps restant à courir pour les Membres qu'ils remplacent; le vote aura lieu au bulletin secret.

Les membres sont élus à la majorité relative.

ART. 8. — Nul ne pourra faire partie du Conseil d'administration s'il n'est majeur.

Art. 9. — Les membres du Conseil se réuniront toutes les fois qu'ils le jugeront nécessaire pour le bien de la section, mais au moins une fois par mois.

Les administrateurs qui, sans excuses valables, manqueraient trois séances consécutives, seront considérés comme démissionnaires et il sera pourvu à leur remplacement.

Art. 10. — La section se réunira en Assemblée générale une fois par an, il sera donné connaissance des comptes de la Société.

Les convocations à cette Assemblée seront faites par lettres.

Art. 11. — Pour faire partie de la section, il faut jouir de ses droits civils et politiques, être présenté par deux membres qui répondent de votre honorabilité, être agréé par le Conseil d'administration et contribuer à l'un des versements indiqués.

Art. 12. — Pour être membre perpétuel, il faut verser à la section une somme qui ne peut être moindre de 200 francs, dont 100 francs pour la Société mère et 100 francs pour la section.

Sont membres honoraires ceux qui versent annuellement une cotisation de 20 francs.

Sont souscripteurs annuels ceux dont les versements ne sont pas supérieurs à 10 francs par an.

Sont membres actifs ceux qui sont admis à faire partie du bataillon de sauveteurs.

La cotisation, pour ces derniers, est fixée à 6 francs par an.

Les dames sont admises au même titre que les autres sociétaires.

Art. 13. — Tout sociétaire, à son entrée à la section, aura droit à la médaille-insigne et au diplôme, moyennant une somme de 10 francs.

La médaille-insigne de la Société se porte dans les réunions et les cérémonies où les sociétaires sont appelés à figurer officiellement.

Art. 14. — Toutes discussions personnelles, politiques ou religieuses sont formellement interdites dans les réunions de la Société.

Art. 15. — Cessent de droit de faire partie de la Société :

1° Ceux qui n'ont pas payé leur cotisation depuis un an, après une mise en demeure constatée qui leur sera adressée par le président de la section au nom du Conseil ;

2° Ceux qui subiraient une condamnation afflictive ou infamante ;

3° Ceux qui causeraient préjudice à la Société par des manœuvres frauduleuses ou autres, par des propos calomnieux pouvant porter atteinte à l'honneur ou à la considération de la Société ;

4° Ceux dont la conduite serait signalée comme déréglée ou scandaleuse.

Sauf le cas de condamnation par les tribunaux, le sociétaire dont l'exclusion est demandée sera invité à se présenter devant le Conseil administratif, pour être entendu et se défendre sur les faits qui lui seront imputés ; s'il ne se présente pas au jour fixé, il sera passé outre et la décision du Conseil sera prononcée définitivement.

Art. 16. — En cas de décès de l'un des sociétaires, tous les membres de la Société seront convoqués et il sera offert une couronne funéraire au nom de la Section.

Art. 17. — Les revenus de la Société se composent :

Des dons des membres perpétuels, des cotisations des membres honoraires, des souscripteurs annuels, moins une somme fixe de 3 francs par membre à verser annuellement à la Société mère.

Des legs et subventions qui pourront lui être faits.

Des sommes provenant des concerts, fêtes et bals donnés par la Société.

ART. 18. — Les fonds, jusqu'à concurrence de 1,000 francs, seront laissés aux mains du trésorier, le surplus sera employé à l'achat de rentes sur l'État français ou de valeurs à lots françaises.

Tous les titres de la Société seront déposés chez Mᵉ Leclerc, notaire à Charenton.

ART. 19. — Une commission de contrôle, composée de trois membres, est chargée de vérifier les livres du trésorier; un des vice-présidents est de droit président de cette commission.

ART. 20. — Le trésorier devra, à chaque Assemblée, donner l'état de sa caisse en recettes et en dépenses.

La caisse de la Société doit pourvoir à toutes les dépenses reconnues utiles par les administrateurs.

Le trésorier ne pourra disposer d'aucune somme sans l'autorisation du président.

ART. 21. — En cas de dissolution de la section, les fonds lui appartenant seront répartis moitié à la Société mère et l'autre moitié entre les diverses sociétés de bienfaisance existant dans la ville.

ART. 22. — Le présent règlement ne pourra être modifié que sur la proposition du Conseil d'administration ou de vingt-cinq membres, soumise au bureau au moins un mois avant la séance. L'Assemblée, convoquée à cet effet, ne pourra modifier le règlement qu'à la majorité des deux tiers des membres présents.

Pour le Conseil d'administration :

Le Président,

FERDINAND MOLINA.

SOCIÉTÉ FRANÇAISE DE SAUVETAGE

SECTION DE CHARENTON

COMPAGNIE DES VOLONTAIRES-SAUVETEURS

RÈGLEMENT

Formation de la Compagnie.

ARTICLE PREMIER. — Elle se compose de :

1 capitaine en premier, 1 capitaine en second, 1 lieutenant en premier, 1 lieutenant en second, 1 sous-lieutenant porte-drapeau, 1 sergent-major, 3 moniteurs instructeurs, 3 clairons (1 par section), 45 volontaires-sauveteurs.

ART. 2. — Les officiers sont nommés pour 3 ans par les volontaires-sauveteurs, à la majorité de la moitié des votants, plus une voix.

Ces élections devront être ratifiées par le Conseil d'Administration.

En cas de décès ou de démission de l'un des officiers, il sera pourvu à son remplacement un mois après.

ART. 3. — Le cadre de la compagnie se reconnaît aux insignes suivants portés à la casquette :

Pour les capitaines, ancre de marine brodée or, trois galons or sur le pourtour de la casquette, une étoile argent dessous l'ancre ;

Pour les lieutenants, deux galons or seulement ;

Pour le sous-lieutenant, un galon or et un galon argent ;

Pour le sergent-major, un galon or, étoile argent ;

Pour les moniteurs, même casquette sans étoile, un galon or avec un liséré rouge au milieu du galon.

ART. 4. — La Compagnie est divisée en trois sections qui sont instruites par les moniteurs :

1° Section d'eau ;

2° Section des incendies et voie publique ;

3° Section des brancardiers.

ART. 5. — Les sections seront exercées, au moins une fois par mois, sous la surveillance de l'un des officiers, commandé de service, à tour de rôle.

Tout volontaire manquant trois fois de suite à l'instruction, sans excuse valable, sera considéré comme démissionnaire de la compagnie des volontaires-sauveteurs.

Il pourra, néanmoins, continuer à faire partie de la Société en qualité de membre souscripteur.

Obligations des Volontaires. — Discipline.

ART. 6. — Le capitaine fait convoquer la compagnie pour les besoins du service, les exercices et théories.

Le président sera informé de ces réunions et les présidera; en son absence, il sera remplacé par le capitaine.

En cas d'empêchement du capitaine, le lieutenant aura les mêmes attributions.

Le sous-lieutenant est chargé de la surveillance de la comptabilité de la compagnie et des rapports à transmettre à ses chefs hiérarchiques.

Le sergent-major est chargé de la rédaction des rapports concernant les exercices ou théories, de la tenue des listes d'appel et des contrôles de chaque section; il fait les convocations pour les exercices de la compagnie.

ART. 7. — Les volontaires-sauveteurs devront l'obéissance la plus absolue à leurs chefs et se conformer aux ordres qui leur seront donnés.

En cas d'indiscipline, à la première infraction, réprimande du capitaine.

A la deuxième infraction, sur la demande du capitaine, réprimande du Conseil d'administration.

A la troisième infraction, le capitaine convoquera les officiers du cadre en conseil de discipline, qui pourra, à la majorité de la moitié plus un, demander au Conseil d'administration l'exclusion de ce membre en tant que volontaire-sauveteur.

De la tenue.

ART. 8. — La tenue de la compagnie est la suivante :

Casquette. — Drap bleu marine, ancre brodée or, un galon or.

Vareuse. — Drap bleu marine, tombant à environ 0m,30 au-dessus du genou, garnie de deux rangées de boutons dorés avec ancre en relief, le collet avec deux ancres brodées or.

Pantalon. — Même nuance ou noir.

La tenue est obligatoire pour les officiers, facultative pour les volontaires; seule, la casquette est obligatoire pour tous.

En réunion, le port de l'insigne est obligatoire.

Organisation des secours.

ART. 9. — Les volontaires-sauveteurs, blessés dans l'exercice de leurs fonctions, auront droit aux secours du médecin, ainsi qu'aux médicaments, et à une indemnité pécuniaire, selon que l'état de la caisse le permettra.

Ils devront s'adresser au capitaine qui fera le nécessaire vis-à-vis du médecin en chef et du pharmacien principal de la Société pour les secours médicaux et pharmaceutiques.

Le capitaine, s'il le juge utile, pour les secours en argent, adressera une demande au président de la Société qui convoquera le Conseil d'administration, lequel décidera s'il y a lieu d'accorder le secours.

Des Sauvetages et Actes de Dévouement.

Art. 10. — Tous les mois, le capitaine fera fournir au Conseil administratif, au moins deux jours avant sa réunion, un état sur tous les événements survenus dans le mois.

Art. 11. — Les volontaires-sauveteurs devront adresser à leur capitaine les certificats constatant les actes de courage qu'ils auront accomplis et cela, au plus tard, dans la huitaine qui aura suivi ces actes

Des Récompenses.

Art. 12. — Tous les ans, en Assemblée générale, la Société décerne des récompenses à ceux de ses membres qui se seront signalés par des actes de courage et de dévouement.

Des récompenses seront également données aux volontaires qui se seront fait remarquer pour leur bonne tenue et leur assiduité aux exercices.

SECTION DES MARINIERS-AMBULANCIERS

Dans sa séance du 25 janvier 1894, le Conseil d'administration de la *Société française de Sauvetage* a décidé d'accepter la proposition faite par l'association des Mariniers-Ambulanciers de s'affilier à elle dans les conditions suivantes :

La Société des Mariniers-Ambulanciers prendra le titre de *Société française de Sauvetage, reconnue d'utilité publique* (Section des Mariniers-Ambulanciers).

Tous les ans, dans le courant du mois de mai, la section versera à la Société-mère une sommedont la valeur sera égale à autant de fois trois francs qu'elle comptera de membres effectifs.

La section ne paiera pas de redevance au sujet des cotisations de ses membres d'honneur; par contre, elle versera à la Société-mère une part de dix pour cent sur toute somme qu'elle touchera par son intermédiaire, en qualité de Société d'utilité publique.

La Société-mère fournira à la section des Mariniers-Ambulanciers le matériel dont elle aura besoin pour exercer ses membres à la manœuvre des engins nécessaires au sauvetage, en cas de submersion ainsi qu'en cas d'incendie, et la marche à suivre pour donner, avant l'arrivée du médecin, les premiers soins aux victimes d'accidents sur la voie publique.

La valeur du matériel fourni ne pourra pas dépasser le montant des cotisations versées par les membres de la section à la Société-mère, qui restera propriétaire du matériel.

SECTION DES MARINIERS-AMBULANCIERS

CONSEIL D'ADMINISTRATION

Président.

M. E. CACHEUX, ingénieur, Président d'honneur de diverses Sociétés de Sauvetage.

Vice-Présidents.

MM,

MAGOT, 59, rue Marcadet.

POINSOT, rue Claude-Vellefaux.

Secrétaire général.

M, OZOUF D'ENTREMONT, Président-fondateur.

Secrétaire.

M. H. JAY, 159, rue de Paris, aux Lilas.

Trésorier.

M. BUSSEREAU, 44, avenue du Maine.

Commissaire des Fêtes.

M. DUCHAUSSOY, 83, rue de la Verrerie.

Service des Mariniers.

Chef : M. LÉVÊQUE père, 47, rue de Nantes.

Chefs de bateau : MM. GUILLEMINOT, 111, faubourg du Temple.

GRELLIER, 16, rue de Bretagne.

Service des Ambulanciers.

Infirmier-major : MM. MOGIN, 83, avenue de Saint-Ouen.

BRILLAC, 11, rue Tournefort.

Service des Brancardiers.

Chef : MM. HEUSER, 14, rue Joseph-Dijon.

Sous-chef :   SEFFEIN, 14, rue Berzélius.

Caporal :   BANIC, 3, rue Corneille.

RÈGLEMENT

Les membres du Bureau sont nommés pour un an. Ils sont toujours rééligibles.

Les fonctions de membres du Bureau sont gratuites.

V. — *Attributions.*

ART. 8. — Le Bureau a les pouvoirs les plus étendus pour administrer la section ; il traite et transige en tout état de cause, il propose les adhésions, les révocations et les exclusions ; il fixe l'emploi des fonds, les jours de réunion et d'Assemblée générale, les ordres du jour des séances ; il nomme les moniteurs pour les exercices et désigne les volontaires pour services exceptionnels.

Le Président est chargé des rapports avec la Société française de Sauvetage ; il a la direction absolue des exercices et manœuvres de la section ; il préside les Assemblées générales.

Les vice-présidents remplacent le président pendant son absence.

Les secrétaires sont chargés de la rédaction des procès-verbaux des séances, de l'envoi des lettres de convocation.

Le trésorier perçoit les cotisations et il en donne valable quittance. Il est responsable des sommes qu'il encaisse.

VI. — *Assemblées générales. — Réunions. — Convocations.*

ART. 9. — Les jours de réunion sont fixés par le Bureau. Les membres sont prévenus par circulaire.

Les Assemblées générales sont présidées par le président ou, à défaut, par un membre du Bureau.

Le secrétaire remplit les fonctions de secrétaire de la séance.

Le président a la police de l'assemblée, ses décisions sont exécutoires.

ART. 10. — Les lettres de convocation doivent être adressées aux volontaires au moins quatre jours avant celui qui est fixé pour la réunion, sauf le cas d'urgence.

Tout volontaire qui aura une motion ou addition à faire à l'ordre du jour devra l'adresser au président, au moins vingt-quatre heures avant le jour de la réunion.

Le Bureau décide s'il y a lieu de l'admettre.

ART. 11. — Toutes discussions étrangères à l'ordre du jour, ou personnelles, sont rigoureusement interdites au cours des séances.

VII. — *Exercices. — Manœuvres.*

ART. 12. — La nature ainsi que l'ordre des manœuvres et des exercices sont fixés par une délibération du Bureau.

ART. 13. — Pour les exercices ou manœuvres, il est nommé par le Bureau, tous les ans, un ou plusieurs moniteurs.

Les fonctions de moniteur consistent à donner aux volontaires des leçons de natation, de canotage, de bachotage, en un mot de tout ce qui est nécessaire pour leur faire acquérir l'instruction nécessaire pour les rendre utiles à la Société française de Sauvetage.

ART. 14. — Des professeurs spéciaux pourront être rétribués.

VIII. — *Cotisations.*

A<small>RT</small>. 15. — Le titulaire volontaire admis paie une cotisation annuelle de quatre francs.

Le membre titulaire verse, outre sa cotisation, une somme de un franc.

Tout sociétaire pourra se libérer de sa cotisation par une somme une fois versée de *cent francs.*

A<small>RT</small>. 16. — Il est accordé trois mois pour le paiement des cotisations; passé ce délai, tout membre qui, après deux avis à lui donnés successivement au cours du quatrième mois, ne se sera pas libéré, sera rayé de la liste des volontaires. Bien entendu, le Bureau reste juge de la situation et la révocation n'est prononcée qu'autant qu'il en a délibéré.

IX. — *Décès.*

A<small>RT</small>. 17. — Au décès de tout sociétaire titulaire ou honoraire, le président, lorsqu'il en sera informé à temps, désignera et avertira, par le moyen qu'il croira le plus rapide, les volontaires qui devront assister aux obsèques.

Les membres désignés s'y rendront en tenue. En cas d'empêchement, ils se feront remplacer.

A<small>RT</small>. 18. — Une couronne sera offerte à la mémoire du volontaire décédé; elle portera les insignes de la section.

X. — *Tenue.*

A<small>RT</small>. 19. — Tout volontaire doit avoir la tenue adoptée par le Bureau les jours d'exercices ou de services commandés.

Elle est interdite dans les autres cas.

XI. — *Délibérations.*

A<small>RT</small>. 20. — Pour délibérer valablement, le tiers au moins des volontaires doit être présent ou représenté.

Les décisions sont prises à la majorité des voix. La voix du président est prépondérante.

XII. — *Modifications.*

La section se réserve le droit de modifier ou d'augmenter les présents statuts, sauf approbation par la Société française de Sauvetage.

Les cas omis par les présents statuts feront l'objet d'un règlement postérieur.

XIII. — *Dissolution.*

En cas de dissolution de la section, il sera dressé un état de la situation financière et fait une répartition de l'actif entre les membres.

Elle ne pourra être prononcée qu'à la majorité de la moitié des volontaires.

Au cas où, à une première Assemblée, le nombre des membres serait insuffisant, une nouvelle réunion aura lieu et, quel que soit le nombre des votants, leur décision sera définitive.

Les membres exclus ou démissionnaires ne seront pas admis à la répartition.

XIV. — *Dispositions générales.*

Toutes démissions et radiations sont insérées au procès-verbal et lues en Assemblée générale.

SECTION DE COURBEVOIE

Président d'honneur.

M. Boursier, maire de Courbevoie, O, ⊕.

Membres perpétuels.

MM.

Belloc (Mme la comtesse de).
Bernara, entrepreneur.
Boursier, maire de Courbevoie, O, ⊕.
Crosnier, entrepreneur.
Dhérois, entrepreneur.
Duclos, ingénieur.
Gily, entrepreneur.
Nélot, entrepreneur.
Stirbey (prince de).

CONSEIL D'ADMINISTRATION

Président de la Section.

M. Reinig (Henri), 47, avenue de Neuilly, Neuilly (Seine).

Vice-Président.

M. Hénonin, conseiller municipal, avenue Marceau, Courbevoie.

Secrétaire général.

M. Petit (A.), 10, rue de Bezons, Courbevoie.

Secrétaire adjoint.

M. Clément, rue de l'Oasis, Puteaux (Seine).

Trésorier.

M. Périchault, 49, avenue Gambetta, Courbevoie.

Archiviste.

M. Ferrous, rue de Colombes, Courbevoie.

Inspecteurs des Postes.

M. Ginest, *Sous-chef*, rue de Paris, Courbevoie.
M. Pond (Louis), *Sous-chef*, rue de Paris, Courbevoie.

Service médical.

M. le docteur RAMONAT, ✳, 51, avenue des Ternes, Paris.
M. le docteur TUAL, rue Segofiin, Courbevoie.

Service pharmaceutique.

M. PELLETIER, *Pharmacien*, rue de Bezons, Courbevoie.

Porte-Drapeau.

M. LECANU père, avenue de la Défense-de-Paris, Puteaux (Seine).

Administrateurs, Membres du Conseil.

MM.

REINIG (H.), *Président*, 47, avenue de Neuilly, Neuilly (Seine).
HÉNONIN, *Vice-Président*, avenue Marceau, Courbevoie.
PETIT (A.), *Secrétaire général*, 10, rue de Bezons, Courbevoie.
PÉRICHAULT, *Trésorier*, 49, avenue Gambetta, Courbevoie.
ANCEL, O. Q. *Trésorier de la Société-Mère*, 13, rue de la Station, Courbevoie.
D'ANUS, rue Jean-Bart, Courbevoie.
FLICHEZ (Jules), *Chef de Section*, rue Victor-Hugo, Courbevoie.
LEFÈVRE, ancien conseiller municipal, rue de Metz, Courbevoie.
POND (Louis), *Sous-chef*, rue de Paris, Courbevoie.
STAUS, négociant, place du Port, Courbevoie.

SECTION DE FONTENAY-SOUS-BOIS

SIÈGE SOCIAL : 25, RUE MOT.

Président d'honneur.

M. SQUÉVILBE, ◊, maire de Fontenay, 22, avenue Marigny.

CONSEIL D'ADMINISTRATION

Président.

M. le docteur J. FÉOLDE, ◊, 25, rue Mot, Fontenay.

Vice-Président.

M. EDIGHOFFER, propriétaire, 13, rue de la Mairie, Fontenay.

Secrétaire général.

M. FÉOLDE (G.), ◊, avocat, 4, rue de la Planche, Fontenay.

Secrétaire.

M. BESSÈDE (R.), 28, rue de Joinville, Fontenay.

Trésorier.

M. HOUZEAU, secrétaire à la mairie, Fontenay.

Administrateurs, Membres du Conseil.

MM.

BOUDET, 4, place d'Armes, Fontenay.
BOURDIN, 16, rue Mauconseil, Fontenay.
CELLIER, ◊, architecte, 3, boulevard de Nogent, Fontenay.
HÉRICOURT (E.), 59, rue de Neuilly, Fontenay.
LEMAL, Fontenay.
MARTINET, Fontenay.
MOUSCADET, adjoint au maire de Fontenay, 25, rue Mauconseil, Fontenay.
MUSSAULT, adjoint au maire de Fontenay, 32, rue Émile-Roux, Fontenay.
PÉPIOT, Chalet de la Porte-Jaune, Fontenay.

SECTION DE L'ARRONDISSEMENT DE SAINT-DENIS

SIÈGE SOCIAL : 10, RUE BRISE-ÉCHALAS, SAINT-DENIS.

Présidents d'honneur.

S. Exc. le Général aide de camp, amiral POSSIEF, G. O. ✳, aide de camp de S. M. l'Empereur de Russie, à Saint-Pétersbourg.
MM.
GOMOT, sénateur, ancien ministre, président de la Société des Sauveteurs de la Seine.
POIRRIER, O. ✳, I. ☉, sénateur, vice-président du Sénat.
CACHEUX (Emile), ✳, I. ☉, O. ✳, ingénieur, président des Mariniers-Ambulanciers, 25, quai Saint-Michel, Paris.
QUINTAINNE, ✳, conseiller général de Saint-Denis.
THIVET-HANCTIN, I. ☉, ✳, maire de Saint-Denis.
DESCOINGS, ✳, maire de l'Île-Saint-Denis.
LALOGE, ancien député de la Seine.

Vice-Présidents d'honneur.

M. BOLLOT (le commandant), O. ✳, ☉, président de la Société des Hospitaliers Sauveteurs bretons, 137, boulevard Saint-Michel, Paris.
M. FLOQUET (Gaston), ✳, adjoint au maire de Saint-Denis.

Membre d'honneur.

M. DUPONT (le docteur), président des Sauveteurs du XVIIIe arrondissement, 164, rue Ordener, Paris.

CONSEIL D'ADMINISTRATION

Président de la Section.

M. WOLF (Camille), ☉, ✳ ✳ ✳, receveur des Contributions, 10, rue Brise-Échalas, Saint-Denis.

Vice-Présidents.

MM.
PAQUOT, ☉, ✳, industriel, président des Membres honoraires des Sapeurs-pompiers de Saint-Denis, 97, rue du Château, Asnières (Seine).
MOUREAUX, négociant, conseiller municipal de l'Île-Saint-Denis.

Secrétaire général.

M. SORMANI (Ernest), O. ✻, chirurgien dentiste de la Légion d'honneur, 12, rue Pinel, Saint-Denis.

Secrétaire Trésorier.

M. VINCHON (Alexandre), ✻, expert comptable, 10, quai de la Marine, Ile-Saint-Denis.

Trésorier adjoint.

M. MOREAU (Alfred), négociant, rue du Bocage, Ile-Saint-Denis.

Délégué et Inspecteur des Postes.

M. CAMPEAUX, O. A., industriel, 180, avenue Parmentier, Paris.

Administrateurs, Membres du Conseil.

MM.

NEVEUX (Charles), O, négociant, quai d'Asnières, Villeneuve-la-Garenne (Seine).

BELEY, architecte, 7, rue Pinel, Saint-Denis.

JOMAT (Henri), A., conseiller municipal, entrepreneur de sauvetages de navires, Ile-Saint-Denis.

LÉGER, pharmacien, rue du Chemin-de-Fer, Saint-Denis.

DANTIEZ (le docteur), rue du Bocage, Ile-Saint-Denis.

Service médical.

MM. les docteurs :

FELTZ, ✻, I. O, 30, rue des Ursulines, Saint-Denis.

DANTIEZ, rue du Bocage, Ile-Saint-Denis.

ARCHAMBAUD, 2, rue Jules-Joffrin, Saint-Denis.

MM. les pharmaciens :

NALINE, I. O, 82, rue de Paris, Saint-Denis.

DELBOS, rue Méchin, Ile-Saint-Denis.

LÉGER, 3, rue du Chemin-de-Fer, Saint-Denis.

Commission des Fêtes.

MM. MOUREAUX, SORMANI, VINCHON et CAMPEAUX.

Commission des Finances.

MM. PAQUOT, SORMANI, NEVEUX et LÉGER.

Postes de Secours.

Poste à sonnerie : Quai du Moulin, Ile-Saint-Denis.
—   Quai d'Argenteuil, Villeneuve-la-Garenne (Seine).

Poste des bateaux : Quai du Saule-Fleuri, Ile-Saint-Denis (M. Des-
    mazières).

Poste-bouée, gaffe, etc. : Mairie de l'Ile-Saint-Denis.

—   —   Poste de police de la gare de Saint-Denis.

Boîte de secours et brancard : Mairie de l'Ile-Saint-Denis.

Boîte de secours : 10, rue Brise-Echalas, Saint-Denis (M. Wolf).

Boîte de secours et brancard : 10, quai de la Marine, Ile-Saint-Denis
    (M. Vinchon).

Boîte de secours : Poste de police de la Gare.

—   Quai d'Asnières, Villeneuve-la-Garenne (Seine),
    (M. Campagne).

—   Quai du Saule-Fleuri, Ile-Saint-Denis (M. Cou-
    rouble).

Boîte de secours : 404, avenue de Paris, Saint-Denis (M. Toussaint).

—   297, avenue de Paris, Saint-Denis (M. Lemsen).

—   133, avenue de Paris, Saint-Denis (M. Stéphanus).

—   3, rue du Chemin-de-Fer, Saint-Denis (M. Léger).

—   12, rue Pinel, Saint-Denis (M. Sormani).

Secours donnés du 1er janvier 1900 au 31 octobre 1901.

Sauvetages en rivière............................... 6

Soins donnés sur la voie publique.................. 23

Soins donnés dans les postes 76

                    Total......... 105

Chiffre qui, ajouté aux faits accomplis depuis la création de la section (1892)...................... 409

porte le chiffre total des personnes secourues à 514

SECTION DE PUTEAUX

Membre d'honneur,

M. DE LANESSAN, ancien ministre de la Marine.

Présidents honoraires,

MM.

COUVERT père, ◉, ✳, fondateur de la section.

GEORGES, ◉, ancien président, ex-conseiller municipal.

CONSEIL D'ADMINISTRATION

Président.

M. MASURE (Félix), Q, ✳ ✳, 24, avenue Cartault, Puteaux.

Vice-Président.

M. RAFFARD (G.), ✳ ✳, 55, rue Voltaire, Puteaux.

Secrétaire.

M. SAINT-DIDIER, ✳, 154, rue de Neuilly, Puteaux.

Trésorier.

M. FÈVRE (F.), ✳, 123, avenue Saint-Germain, Puteaux.

Chef de Section.

M. LANDRY, bateau-lavoir.

Sous-chef de Section.

M. RIGAULT, ✳, rue de Neuilly, Suresnes (Seine).

Porte-Drapeau.

M. SAINT-DIDIER, ✳, 154, rue de Neuilly, Puteaux.

Service médical.

MM.

Docteur CHASTENET, Q, ✳, 45, boulevard Richard-Wallace, Puteaux.

Docteur RICOUX, Q, ✳, 3 bis, rue Vallier, Levallois (Seine).

DUNAIME, ✳, 48 bis, boulevard Richard-Wallace, Puteaux.

Ambulancières.

Mᵐᵉ GALMACHE, ✠.

Mᵐᵉ GRIMEAU.

Mᵐᵉ LAFORGE.

Mᵐᵉ LÉON MARC, ✠.

Mᵐᵉ MORAND, ✠.

Mᵐᵉ SAINT-DIDIER, ✠.

Postes de Secours.

1° En face la mairie, sur la Seine ;

2° Chez le président, 24, avenue Cartault, près la gare.

SECTION DE VINCENNES

Présidents d'honneur.

MM.

DEQUEN, 20, avenue de la Ville, Vincennes.

JOAQUIN CRESPO (le général), président des Etats-Unis du Vénézuela (décédé).

LEFEBVRE, I. ◊, sénateur, Montreuil-sous-Bois (Seine).

PEDRO EZEQUIEL ROJAS (le docteur), sénateur, ministre des Affaires extérieures du Vénézuéla.

RENAULT, I. ◊, maire de Vincennes.

RICHARD, ◊, ✻, député, 19, avenue du Trocadéro, Paris.

SQUÉVILLE, maire de Fontenay, conseiller général (Seine).

Vice-Présidents d'honneur.

MM.

DEBOOS, adjoint au maire de Vincennes.

THOREL, adjoint au maire de Vincennes.

VASSORT, 9, rue de Paris, Vincennes.

Membres d'honneur.

Les Conseillers municipaux de Vincennes

MM.	MM.
BERGUERAND.	NOEL.
BLOT.	NYARD.
BOSSAN.	PROVINS.
DALBY.	PRUDHOMME.
DEMOGET.	RENAUD.
DESHAYES.	ROUX.
GAMET.	SIROUX (Ch.).
GENTILHOMME.	THÉVENARD.
GREFF.	THÉVENIN.
HUGUIN.	VERLUISE.
LICART.	

M. G. GODIN, officier d'administration, professeur à l'Ecole d'administration à Vincennes (Vieux Fort).

HULIN (Mme), 26, cours Marigny, Vincennes.

PATAY, Chalet du Lac, Saint-Mandé (Seine).

M. et Mme ROLAND, 41, rue du Bois, Vincennes.

11

Présidents fondateurs.

M. LEFFRÉ (de décembre 1896 au 12 juin 1897), décédé.

M. MOLINA, I. O, ✳ ✳, président de la section de Charenton.

M. MOURNEZON (Jules), O, O. ✳ ✳ (de 1897 à 1900), 184, avenue Daumesnil, Paris.

CONSEIL D'ADMINISTRATION

Président de la Section.

M. GAROT (E.), O, entrepreneur, 209, avenue Daumesnil, Paris.

Vice-Présidents.

M. BRISSARD, 63, rue de Fontenay, Vincennes.

M. GILLES, 2, rue du Luat, Vincennes.

Secrétaire général.

M. COTTAN, *médaillé du Gouvernement*, 41, place de l'Eglise, Vincennes.

Trésorier.

M. COTTAN, *médaillé du Gouvernement*, 41, place de l'Eglise, Vincennes.

Administrateurs, Membres du Conseil.

MM.	MM.
MAGNIEN, moniteur chef.	BOULMET, pharmacien.
ALLIAUME, moniteur adjoint.	VEUILLET, *médaillé du Gouvernement*.
GAUTIER, sergent-major.	
PETIT, porte-drapeau.	GOUET.
BERGER, porte-drapeau adjoint.	BOURDIER.
LEROUX, caporal clairon.	DIDOT.
LEROY, Paris.	LORITE.
AJUSTRON, pharmacien.	

Inspecteurs des Postes de secours.

MM. MAGNIEN et ALLIAUME.

Service médical.

M. le docteur L. MASS, 68, rue de Montreuil, Vincennes.

Service pharmaceutique.

M. BOULINET, 37, rue de Fontenay, Vincennes.

M. AJUSTRON, 140, rue de Fontenay, Vincennes.

Commission des Finances.

M. GILLES, président.
MM. GOUET, BRISLARD, censeurs.
M. COTTAN, rapporteur.
MM. MAGNIEN, BERGER, membres.

Commission des Fêtes.

M. GAROT, président.
M. BRISSARD, vice-président.
M. COTTAN, rapporteur.
MM. GOUET, MAGNIEN, BRISSARD, membres.

Commission des Récompenses.

M. GAROT, président.
M. COTTAN, secrétaire.
MM. PETIT, ALLIAUME, VEUILLET, MAGNIEN, GOUET, LEROUX.

Porte-drapeau.

M. PETIT (titulaire de la Médaille de sauvetage du Gouvernement),
97, avenue d'Ivry, Paris.
M. BERGER, 3, rue Lejemptel, Vincennes.

SECTION DU IXᵉ ARRONDISSEMENT

(Ambulanciers-Brancardiers).

SIÈGE SOCIAL : 57, RUE DES MARTYRS, PARIS.

Président d'honneur.

M. MILLEZ.

CONSEIL D'ADMINISTRATION

Président.

M. ROUSSEAU (le docteur), ۞, 57, rue des Martyrs, Paris.

Vice-présidents.

MM. CHEVALLIER et DEMARTHE.

Secrétaires-trésoriers.

MM. TURMEL et DOMY.

Censeurs.

MM. GIGUET, *Porte-Drapeau*, et TROPCHAND.

Chef infirmier.

M. AVISSE.

Chefs de Section.

MM. DELSOL et LEFÉVRE.

Médecin en chef.

M. ROUSSEAU, ۞.

Chef ambulancière.

Mᵐᵉ AVISSE.

Sous-chef ambulancière.

Mᵐᵉ GIGUET.

Dames ambulancières.

Mmes

AUBÉ.
BOURGEOIS.
DUPONT.
LEFORT.
MAYEUX.

Mmes

NIELLON.
PERNOUX.
PETIBON.
SIROP.

————

SECTION DU XIᵉ ARRONDISSEMENT

SIÈGE SOCIAL PROVISOIRE : 2, AVENUE PARMENTIER, PARIS.

Présidents d'honneur.

M. LE MAIRE du XIᵉ arrondissement.

M. DUHAMEL, I, Q, ⚙, adjoint au maire du XIᵉ arrondissement.

Vice-président d'honneur.

M. LEYGONIE, 65, rue d'Hauteville, Paris.

Présidents fondateurs.

M. MOLINA, I, Q, ✳ ✳, président de la section de Charenton.

M. PINÉDO, ✳, C. ✳ ✳, 40, boulevard du Temple, Paris.

CONSEIL D'ADMINISTRATION

Président.

M. FOURMONT (Valentin), Q, ⚙, 2, avenue Parmentier, Paris.

Vice-Présidents.

1ᵉʳ M. CHAMPRENAULT, Q, avocat, 10, rue Gobert, Paris.

2ᵉ M. DESPLAS, pharmacien, 119, boulevard Voltaire, Paris.

3ᵉ M. DERBECQ, I. Q, pharmacien, 74, boulevard Beaumarchais, Paris.

4ᵉ M. PEYRÉ (le docteur), Q, ⚙, 210, boulevard Voltaire, Paris.

Secrétaire général.

M. PHILIPPE, principal clerc d'huissier, 128, avenue Parmentier, Paris.

Secrétaire.

M. MORELLE, huissier-audiencier, 120, boulevard Voltaire, Paris.

Secrétaire adjoint.

M. VIET, Q, architecte expert, 59, rue d'Angoulême, Paris.

Trésorier.

M. MÉZIN, distillateur, 2, place Voltaire, Paris.

Trésorier adjoint.

M. LEMOINE, (), ingénieur civil, 11, rue Godefroy-Cavaignac, Paris.

Archiviste.

M. EDELINE, marbrier funéraire, 37, rue du Repos, Paris.

Membres du Conseil d'Administration.

MM.

BILLION, chef de service au Mont-de-Piété, 28, rue Servan, Paris.
BLOCH (Raoul), commissionnaire en marchandises, 137, boulevard Voltaire, Paris.
CAMUS, pharmacien, 124, boulevard Voltaire, Paris.
CART, docteur en médecine, 24, rue Paul-Bert, Paris.
DUFAYET, (), négociant en métaux, 57, rue de la Roquette.
DUHAMEL (Eugène), 12, avenue Daumesnil, Paris.
FAGEOL, négociant en métaux, 80, rue de la Roquette, Paris.
GILBERT, négociant, 7, avenue Parmentier, Paris.
JAMELIN, ingénieur civil, 12, cité Phalsbourg, Paris.
MONTIGNAC, (), docteur en médecine, 128, boulevard Voltaire, Paris.
MORRIS, I. (), ✳ ✳, imprimeur, 64, rue Amelot, Paris.
NORMAND, négociant, 198, rue de la Roquette, Paris.
PÉDRAZZI, O. ✳, entrepreneur, 11, rue Popincourt, Paris.
PHILIPPE (Mme), 128, avenue Parmentier, Paris.
PINTON père, (), (), pelletier, 161, boulevard Voltaire, Paris.
PINTON fils, négociant, 96, boulevard Voltaire, Paris.
POUTREL, architecte, 6, rue Pétion, Paris.
SANDOZ, marbrier funéraire, 181, rue de la Roquette, Paris.
TESSIER, administrateur-directeur de la Société Vénitienne, 2, rue Bréguet, Paris.
VILBONNET, négociant, 16, rue Popincourt, Paris.

Directeur des Cours.

M. PEYRÉ (le docteur).

Conseil judiciaire.

MM.

FANO, avocat.
BOUCHEZ, avocat.
LEVASSORT, huissier-audiencier.
MORELLE, huissier-audiencier.

Commission médicale.

MM.

ALEXANDRE (Gaston), interne des hôpitaux.
BILLOT, docteur.
CART, —
DAVÉO, —
LANESSUS, —
MAZARAKIS, —
MILLÉE, —
MONTIGNAC, —

MM.

MOUNDLIC, docteur
NIGAY, —
PEYRÉ, —
VOLLIER, —
CAMUS, pharmacien
DERBECQ, —
DESPLAS, —
GOBILLARD, —
MANIN, —

Porte-drapeau.

M. BARON, 95, rue de Charonne, Paris.

SECTION DU XIIᵉ ARRONDISSEMENT.

Présidents d'honneur.

MM.

Le prince Achille D'ALZÉNA.
ROSELLE, chef d'exploitation.

Président fondateur.

M. Charles LEROY.

CONSEIL D'ADMINISTRATION

Président.

M. BAUGRAND (Auguste), (), C. ✶ ✶, *mention honorable*, surveillant du Service municipal des travaux de Paris.

Vice-Présidents.

MM. JAUR, ✶; JOLY.

Trésoriers.

MM. DUMAS, DEMÉ.

Secrétaires.

MM. WEIL, DUCHAUSSOY.

Administrateurs.

MM.	MM.
BLAIZAIS.	CHASSEIGNE.
BRUGALAIS.	DRUEL, C. ✶ ✶.
CARO.	HOURDOUR.

Censeurs.

MM. BOCCARD, GUILLEMIN, SALMON (P.).

SECTION DU XVIIIe ARRONDISSEMENT

Vice-Président d'honneur.

M. MASSINOT (Clément), médailles de Crimée et d'Italie, président de la Thermaïa, membre fondateur de la section, 24, rue du Simplon.

CONSEIL D'ADMINISTRATION

Président,

M. OLLIVIER (le docteur Louis-Georges), O. ☉, 16, rue Hermel.

Vice-Président.

M. DUPUIS (A.), O. ☉, 23, rue Sainte-Isaure.

Vice-Président-Secrétaire.

M. BARDOT (Louis), 6, rue Versigny.

Secrétaire adjoint.

M. BULLEAU (Albert), 103, rue Clignancourt.

Trésorier,

M. ZIWÈS (Wladimir), 5, rue Carnot, villa Beauséjour, Eaubonne (Seine-et-Oise).

Trésorier adjoint.

M. DUPONT, 13 *bis*, rue Versigny.

Membres fondateurs de la Section.

MM.

JULLIEN (Alfred), 13, rue du Helder.
VÉRONNEAU, 31, rue Letort.

Membres du Conseil.

MM.

BRUGALÉ (Eugène), 6, rue Scipion.
JULLIEN (Alfred), 13, rue du Helder.
LAMONTAGE (Maurice), 129, rue Ordener.

Lusteaux (Emile), 32, rue Marcadet.
Tourais (Eugène), médaille coloniale, 28, rue Letort.
Véronneau, 31, rue Letort.

Chef de Section.

M. Urbain (Etienne), *mention honorable du gouvernement*, 2, rue des Amiraux.

Sous-chef de Section.

M. Dutertre (Alphonse), 70, boulevard Ornano.

Porte-drapeau.

M. Clausse (Victor), 13, rue du Roi-d'Alger.

Porte-drapeau adjoint.

M. Bucourt (Octave), 103, avenue de Paris (Plaine-Saint-Denis).

Pharmaciens.

MM.
Auduc, 48, boulevard Barbès.
Bazot, 42, rue Ramey.
Chapotot, 56, boulevard Ornano.
Renaux, 38, rue Ramey.

SECTION DU XXe ARRONDISSEMET

(Décorée d'une Médaille d'argent, décernée pour les Postes de Secours).

Présidents d'honneur.

M. Baugrand, président de section (XIIe arrondissement), 54, rue Michel-Bizot, Paris.

M. Garot, président de section (Vincennes), 209, avenue Daumesnil, Paris.

Membres d'honneur.

Mme Bracard, rue du Bel-Air, Paris.

Mlle Fourré, 3, rue Dosset, Paris.

M. Erard, rédacteur au journal *La Lanterne*.

CONSEIL D'ADMINISTRATION

Président.

M. Bracard, conducteur des Ponts et Chaussées, conseiller municipal, rue du Bel-Air, Paris.

Vice-Présidents.

M. Martin, piqueur du Service municipal, 4, rue Chevreul, Paris.

M. Lousset, commerçant, 229, rue des Pyrénées, Paris.

Secrétaire.

M. Radigue, employé de la Ville, 56, rue des Pyrénées, Paris.

Secrétaire adjoint.

M. Pelletier, négociant, 44, rue des Rasselins, Paris.

Membres du Conseil.

MM.

Chalvet, piqueur de grès, 22, rue des Laitières, Vincennes (Seine).

Guermond, employé, 1, rue Edouard-Robert, Paris.

Leroy, entrepreneur, 101, boulevard Davout, Paris.

Lesnard, rue Adélaïde-Lahaye, Paris.

MICHEL, employé, 4, rue du Progrès, Montreuil (Seine).
PASQUIER, ✳, piqueur de grès, 101, rue Etienne-Marcel, Montreuil (Seine).
POUSSIER, ✳, employé, 10, avenue du Père-Lachaise, Paris.

Inspecteurs des Postes.

M. LEROY, chef de section, 101, boulevard Davout, Paris.
M. MICHEL, sous-chef de section, 4, rue du Progrès, Montreuil.

Commission du Contrôle.

MM. MARTIN et POUSSIER.

Service médical.

M. le docteur CHAUVEAU, 1, rue du Cambodge, Paris.

Service pharmaceutique.

M. GUILLY (Eugène), place de la Nation, Paris.

Journaliste.

M. ERARD, rédacteur à la *Lanterne*, 52, rue des Pyrénées, Paris.

Porte-drapeau.

M. PASQUIER, 101, rue Etienne-Marcel, Montreuil (Seine).

SECTION DE THIAIS ET CHOISY-LE-ROI

Président d'honneur.

M. PANHARD, maire de Thiais.

Président fondateur.

M. MOLINA, I. O.

CONSEIL D'ADMINISTRATION

Président.

M. MARBY, pharmacien, Thiais.

Vice-Présidents.

M. MATHIEU, Choisy-le-Roi.
M. CORDONNIER, 79, boulevard de Magenta, Paris.
M. ROUSSEL, Choisy-le-Roi.

Secrétaires généraux.

M. MARBY fils, Thiais.
M. NOEL, 56, rue Blanche, Paris.

Secrétaire du Conseil.

Mme GUTTELLE, directrice de l'Ecole maternelle, Thiais.

Trésorier.

M. LECOQ, rue des Orvillers, Thiais.

Membres du Conseil.

MM.	MM.
BERNARD, Thiais.	DUCLOS, Thiais.
BEUDIN, Thiais.	IVEN (Léon), Thiais.
DELAMARRE, Clermont (Oise).	TRONCHE, Vitry (Seine).

Service médical.

MM.
Le docteur de MARCAIS, médecin en chef.
— GAMBIER, Choisy-le-Roi.
— LAJOTTE, Longjumeau (Seine-et-Oise).
— SINEAU, Choisy-le-Roi.

Pharmacien.

M. MARBY.

CHAPITRE X

LISTE DES SOCIÉTÉS DE SAUVETAGE DE FRANCE

Plusieurs grandes villes peuvent revendiquer l'ancienneté de leur société; elles sont des rameaux pris sur l'origine de la première décrite dans ce volume. Certes, toutes ces sociétés sœurs ont leurs pages de gloire, je dirai même ont un mérite, pour certaines, plus élevé que la nôtre, celui de la discipline qui fait honneur à ceux qui les dirigent, car il ne faut pas oublier que les vrais sauveteurs sont des soldats du devoir méthodique et respectueux de la discipline, qu'ils doivent être soumis à leurs chefs et respectueux envers eux-mêmes. C'est alors que cette tenue ferme, cette obéissance passive aux commandements imposent le respect à la foule qui admire en eux la vraie force représentant l'abnégation et le courage. Cette belle leçon, que nous donnent nos frères de la province, puisse-t-elle convaincre nos camarades de la métropole et fournir en l'avenir l'exemple qui devrait être notre propre mérite ! Toutes ne sont pas des modèles. Parmi le plus grand nombre de ces sociétés, beaucoup ne doivent leur existence qu'à l'intrigue de certains personnages qui, ayant appartenu à la Société des Sauveteurs de France ou des Sauveteurs de la Seine, le plus souvent membres dissidents et ambitieux, ont exploité ces créations pour leur profit personnel, s'élevant eux-mêmes à cette royauté éphémère en se présentant comme innovateurs des secours humanitaires. Ces météores n'ont pas le sentiment même de leur mission, ils retiennent ceux qu'ils enrôlent avec le mirage d'une récompense factice dont le néophyte se déshonore. Puis, les vœux émis pour l'avenir de la fédération de tous les sauveteurs formant une même famille d'action et de mutualité, supprimeront les entreprises non garanties des marchands de vertus civiques.

Aperçu de quelques Sociétés existantes de 1879 à 1903 :

Nomenclature des sociétés de sauvetage de France reconnues ou autorisées par le Gouvernement.

Il existe sept sociétés, les seules qui soient reconnues d'utilité publique, ce sont :

1° Société centrale des Naufragés;
2° Société des Sauveteurs de la Seine;
3° Société française de Sauvetage;
4° Société des ambulances des Armées de terre et de mer, la Croix-Rouge;
5° Société des Dames de France ou Dames françaises pour les secours aux blessés;
6° Société française de Sauvetage du Sud-Ouest, à Bordeaux.
7° Société de Secours mutuels des Sauveteurs de Lille (Nord), fondée le 26 décembre 1877, reconnue d'utilité publique le 20 décembre 1896, siège, rue de l'Hôpital-Militaire, 116, à Lille. Président : A. Cottignies.

Viennent ensuite les sociétés suivantes qui ne sont qu'autorisées :

Institution maritime mobile des Sauveteurs du Rhône, à Lyon.
Société des Sauveteurs du Loiret, à Orléans.
Société des Sauveteurs de Rouen, à Rouen.
Société des Sauveteurs d'Indre-et-Loire, à Tours.
Société des Sauveteurs de l'Oise, à Compiègne.
Société des Sauveteurs de la Charente, à Angoulême.
Société des Hospitaliers-Sauveteurs bretons, à Rennes.
Institution maritime de Sauvetage de la Méditerranée, à Marseille.
Société des Sauveteurs du Haut-Rhin, à Belfort.
Société des Sauveteurs de l'Aude, à Carcassonne.
Société des Sauveteurs de Saône-et-Loire, à Chalon-sur-Saône.
Société des Hospitaliers d'Afrique, à Alger.
Société des Sauveteurs havrais, au Havre.
Société des Sauveteurs de la Gironde, à Bordeaux.
Société des Sauveteurs de Calais, fondée le 22 août 1835 par L. Neveu, maire de Calais.
Société des Sauveteurs du Midi, à Marseille.
Société des Sauveteurs d'Alger, à Alger.
Société des Sauveteurs de Cognac, à Cognac.

Société des Sauveteurs de la Nièvre, à Luzy.

Institution Confucius de France, à Bordeaux.

Société des Sauveteurs-Hospitaliers nantois, à Nantes.

Société des Nageurs du Havre, au Havre.

Compagnie des Sauveteurs de Reims, à Reims.

Société des Sauveteurs de l'Aisne, à Chauny.

Société des Sauveteurs de l'Aube, à Troyes.

Chevaliers sauveteurs des Alpes-Maritimes, à Nice.

Compagnie des Ambulanciers-Brancardiers du Loiret, à Orléans.

Société des Sauveteurs bretons, à Rennes.

Société des Sauveteurs de Toulon, à Toulon.

Société des Sauveteurs de la Haute-Vienne, à Limoges.

Société des Sauveteurs du département du Nord, à Lille.

Hospitaliers-Sauveteurs de la Haute-Garonne, à Toulouse.

Société des Sauveteurs de Vaucluse, à Vaucluse.

Société des Sauveteurs de Philippeville, à Philippeville (Algérie).

Société des Sauveteurs dieppois, à Dieppe, reprise en 1835 par le docteur Navet.

Société des Sauveteurs volontaires du Rhône, à Lyon.

Société des Sauveteurs de Meurthe-et-Moselle, à Nancy.

Société des Sauveteurs médaillés de la Côte-d'Or, à Dijon.

Société des Sauveteurs de la Nièvre, à Nevers.

Société des Sauveteurs de Charleville, à Charleville.

Société des Sauveteurs de l'Oise, à Beauvais.

Société des Sauveteurs d'Eure-et-Loir, à Chartres.

Société humaine de Boulogne-sur-Mer, fondée en 1824.

Société des Sauveteurs de Bayonne, fondée en 1834 par Darmentier.

Société des Sauveteurs du Nord, à Dunkerque, fondée en 1834 par Carlier.

Société des Sauveteurs d'Elbeuf, à Elbeuf.

Société des Sauveteurs de la Marne, à Nogent-sur-Seine.

Société nationale de Sauvetage, à Paris, X° arrondissement.

Société parisienne de Sauvetage, à Paris, XVI° arrondissement.

Société des Sauveteurs du Dernier-Adieu, Paris, XVII° arrondissement.

Société des Secouristes français, Paris.

Société des Hospitaliers-Sauveteurs bretons, Paris.

D'autres petites sociétés existent. Elles ont beaucoup de mérite, nous les admirons toutes comme étant sœurs de notre grande famille. Quel que soit l'éclat que puissent avoir tous ces satellites qui gravitent comme autant de météores autour de nos sociétés reconnues d'utilité publique, il n'y a que l'individualisme qui forme bar-

rière et empêche le groupement général, car la plus
grande partie des présidents de ces sociétés sont des dissidents qui exploitent leurs privilèges. C'est ce qui a dénaturé
la grandeur et la beauté de cette noble institution qui ne
retrouvera sa véritable action bienfaisante que le jour où
un décret du gouvernement dissoudra toutes ces escouades
multicolores et enrubannées pour ne former qu'une seule
et véritable armée d'hommes sérieux et dévoués, n'ayant
qu'un chef indépendant sous le contrôle du gouvernement;
alors chaque département aurait sa section, qui se divise-
rait en sous-sections, mais tous n'obéiraient qu'à un ordre
général : autrement, c'est la décadence de cette belle
institution.

CHAPITRE XI

CONSEIL DE SALUBRITÉ

Année 1872

Nomenclature des règlements de la Préfecture de Police avec la composition de ses boîtes de secours.

PRÉFECTURE
de
POLICE.

3e DIVISION.

4e Bureau.

CONSEIL DE SALUBRITÉ

INSTRUCTION

Sur les Secours à donner aux Noyés et Asphyxiés

Cette instruction traite des soins à donner aux personnes asphyxiées par submersion, par la vapeur de charbon, les émanations des fours à chaux, des cuves à raisin, à bière, à cidre; par les gaz des fosses d'aisances, des puisards, égouts et citernes; par les gaz impropres à la respiration; par le gaz d'éclairage; par strangulation, suspension ou suffocation; par le froid, la chaleur et la foudre.

~~~~~~~~~

Remarques Générales

1o Les personnes asphyxiées ne sont souvent que dans un état de mort apparente;

2o Pour les personnes étrangères à la médecine, la mort apparente ne peut être distinguée de la mort réelle que par la putréfaction;

3o La couleur rouge, violette ou noire du visage, le froid du corps, la raideur des membres ne sont pas des signes certains de mort;

4o La rigidité des mâchoires, dans la submersion, est un indice favorable du succès des secours;

5o On doit, à moins que la putréfaction ne soit évidente, administrer des secours à tout individu noyé ou asphyxié, même après un séjour prolongé dans l'eau ou dans le lieu où il a été asphyxié;

6o Les secours les plus essentiels à prodiguer aux asphyxiés peuvent leur être administrés par toute personne intelligente; mais, pour obtenir du succès, il faut les donner, *sans se décourager*, quelquefois pendant plusieurs heures de suite;

On a des exemples d'asphyxiés par le charbon qui ont été rappelés à la vie après des tentatives qui avaient duré six heures et plus ;

7° Quand il s'agit d'administrer des secours à un asphyxié, il faut éloigner toutes les personnes inutiles ; cinq à six individus suffisent pour les donner ; un plus grand nombre ne pourrait que gêner ou nuire ;

8° Le local destiné aux secours ne devra pas être trop chaud ; la meilleure température est de 17 degrés du thermomètre centigrade (14 degrés de celui de Réaumur) ;

9° Enfin les secours doivent être administrés avec activité, mais sans précipitation et avec ordre.

ASPHYXIÉS PAR SUBMERSION

Règles à suivre par ceux qui repêchent un noyé.

1° Dès que le noyé est retiré de l'eau, on ne doit le coucher ni sur le ventre, ni sur le dos, mais sur le côté, et de préférence sur le côté droit. On incline légèrement la tête en la soutenant par le front ; on écarte doucement les mâchoires et l'on facilite ainsi la sortie de l'eau qui pourrait s'être introduite par la bouche et par les narines. On peut même, immédiatement après le repêchage du noyé, pour mieux faire sortir l'eau, placer à différentes reprises la tête *un peu plus bas que le corps, mais il ne faut pas la laisser chaque fois plus de quelques secondes dans cette position.* Par conséquent, il faut bien se garder de la pratique suivie par quelques personnes, et qui consiste à suspendre le malade par les pieds, dans l'intention de lui faire rendre l'eau qu'il pourrait avoir avalée. Cette pratique est excessivement dangereuse ;

2° Après l'évacuation des mucosités, on replace le malade sur le dos et on comprime ensuite doucement et alternativement le bas-ventre de bas en haut, et les deux côtés de la poitrine, de manière à faire exercer à ces parties les mouvements qu'on exécute lorsqu'on respire ;

3° Immédiatement après ces premiers soins, qui n'occuperont que quelques instants, le noyé doit être enveloppé, suivant la rigueur de la saison, de couvertures, ou, à défaut de couvertures, de foin ou de paille, et transporté au poste de secours, promptement et sans secousses.

Pendant ce transport, la tête et la poitrine seront placées et maintenues dans une position un peu plus élevée que le reste du corps ; la tête restera libre et le visage découvert.

En même temps on fera prévenir le médecin.

Des soins à donner lorsque le noyé est arrivé au dépôt des secours médicaux.

1º Aussitôt après l'arrivée du noyé, on lui ôtera ses vêtements le plus promptement possible, en commençant toujours par ceux du cou. Il sera essuyé, posé sur une paillasse ou un matelas, enveloppé d'une couverture de laine et revêtu, si la température est basse, d'un peignoir également de laine;

2º On couchera encore, une ou deux fois, le corps sur le côté droit; on fera légèrement pencher la tête en la soutenant par le front, pour faire rendre l'eau. Cette opération, comme il a été dit, ne devra durer que quelques secondes chaque fois. Il est inutile de la répéter s'il ne sort pas d'eau, de mucosités ou d'écume;

3º Si les mâchoires sont serrées, il convient de les écarter légèrement et sans violence, en employant le *petit levier en buis*.

Dans le cas où les mucosités ou glaires ne s'écouleraient qu'avec peine, on en faciliterait la sortie à l'aide du doigt, des barbes d'une plume, ou d'un bâtonnet couvert de linge.

Le *speculum laryngien* peut être utilement employé à cet effet.

Il faut toujours veiller à ce que la langue ne se renverse pas en arrière et la maintenir hors de la bouche;

4º L'aspiration de bouche à bouche ou tout au moins à l'aide d'une pompe munie d'une embouchure, a été plusieurs fois suivie de succès;

5º On cherchera à provoquer la respiration par la méthode suivante due à Sylvester:

Étendre le patient sur une surface, autant que possible, légèrement inclinée et à la hauteur d'une table; faire saillir un peu la poitrine en avant, au moyen d'un coussin ou de vêtements roulés; se placer à la tête du patient, lui saisir les bras à la hauteur des coudes, les tirer vers soi doucement en les écartant l'un de l'autre, les tenir étendus en haut pendant deux secondes, puis les ramener le long du tronc en comprimant latéralement la poitrine en même temps qu'une autre personne la pressera d'avant en arrière.

Par l'élévation des bras, on fait entrer dans la poitrine le plus d'air possible et on l'en fait sortir par leur abaissement et par la pression. Cette double manœuvre a pour but d'imiter les deux mouvements de la respiration.

On répétera cette manœuvre alternativement quinze fois environ par minute et jusqu'à ce qu'on aperçoive un effort du patient pour respirer [1].

1. On peut même, à de longs intervalles, imprimer des secousses brusques à la poitrine, avec les mains largement étendues sur les côtés de cette cavité. Mais ce moyen ne peut être mis en pratique que par une personne habituée à l'administration des secours.

6° Aussitôt que la respiration tend à se rétablir, il faut cesser de donner au noyé les soins qui viennent d'être indiqués, et s'occuper des moyens de le réchauffer;

7° On remplira d'eau bien chaude la bassinoire et on la promènera par-dessus le peignoir en laine, sur la poitrine, sur le bas-ventre, le long de l'épine du dos, en s'arrêtant plus longtemps au creux de l'estomac et aux plis des aisselles; on l'appliquera également à la plante des pieds [1];

8° Les moyens indiqués ci-dessus doivent être employés en ayant soin de se régler sur la température extérieure; il faut veiller à ce que le corps du noyé ne soit pas exposé à une chaleur supérieure à trente-cinq degrés centigrades. Quoique l'eau de la bassinoire soit à une température plus élevée, cette chaleur, dont l'action ne s'exerce qu'au travers d'une couverture ou d'un peignoir de laine, ne peut avoir aucun inconvénient;

9° A ces divers moyens qui ont pour but de réchauffer le noyé et de rétablir la circulation, on ajoutera, pour développer progressivement la chaleur, des frictions assez fortes, à l'aide des frottoirs en laine chauds, sur les côtés de l'épine du dos, ainsi que sur les membres.

Ces frictions seront faites avec ménagement à la région du cœur, au creux de l'estomac, aux flancs et au ventre.

On brossera doucement, mais longtemps, la plante des pieds, ainsi que la paume des mains.

Si l'on s'aperçoit que le noyé fait des efforts pour respirer, il faut discontinuer, pendant quelque temps, toute manœuvre qui pourrait comprimer la poitrine ou le bas-ventre et contrarier leurs mouvements, mais, dans ce cas, il serait utile de passer rapidement, et à plusieurs reprises, le flacon d'ammoniaque sous le nez;

10° Si, pendant les efforts plus ou moins pénibles que fait le noyé pour respirer, on voit qu'il a des envies de vomir, il faut provoquer le vomissement en chatouillant le fond de la bouche avec les barbes d'une plume;

11° Il ne faut pas donner de boisson à un noyé avant qu'il ait repris ses sens et qu'il puisse facilement avaler. Cependant on peut, en vue de le ranimer, lui introduire dans la bouche quelques gouttes d'eau-de-vie ordinaire, d'eau de mélisse ou d'eau de Cologne, et, à défaut de ces spiritueux, de l'eau-de-vie camphrée qui se trouve dans les appareils;

12° Si le ventre est tendu, on donne un demi-lavement d'eau

---

1. Les médecins qui sont appelés à donner des secours pourront faire usage du marteau de Mayor. Son application, faite 5 à 6 fois au niveau des dernières côtes, ne devra durer que quelques secondes.

tiède, dans lequel on a fait fondre une forte cuillerée à bouche de sel commun;

13° Après une demi-heure d'administration assidue, mais inutile, des soins indiqués plus haut, on pourra recourir, sous la direction d'un médecin, à l'insufflation de la fumée de tabac par l'anus [1];

14° Quand le noyé est revenu à la vie, il faut le coucher dans un lit bassiné et l'y laisser reposer une heure ou deux. A défaut de lit, on portera le noyé à l'hôpital en prenant les précautions convenables pour le soustraire à l'action du froid.

Si, pendant le sommeil, la face du malade, de pâle qu'elle était, se colore fortement et si, après avoir été éveillé, il retombe aussitôt dans un état de somnolence, on lui appliquera des sinapismes *en feuilles* ou *en pâte* entre les épaules, ainsi qu'à l'intérieur des cuisses et aux mollets; on lui posera en même temps 6 ou 8 sangsues derrière chaque oreille.

Il est entendu qu'on n'aura recours à ces moyens qu'en l'absence d'un médecin.

ASPHYXIÉS PAR LES GAZ MÉPHITIQUES OU AUTRES

1° Asphyxiés par la vapeur du charbon, par les émanations des fours à chaux, des cuves à vin, à bière, à cidre. (Les gaz produits sont de l'acide carbonique mélangé ou non d'oxyde de carbone.)

Le traitement qui convient dans ces circonstances est le suivant:

1° Le malade doit être retiré le plus tôt possible du lieu méphitisé, exposé au grand air et débarrassé de ses vêtements;

1. *Moyen de pratiquer l'insufflation :*

L'appareil qui sert à cet usage se nomme appareil fumigatoire. Pour le mettre en jeu, on humecte du tabac à fumer, on en charge le fourneau de l'appareil et on l'allume avec un morceau d'amadou ou avec un charbon; ensuite on adapte le soufflet à la machine; quand on voit la fumée sortir abondamment par le bec du chapiteau, on ajoute la canule que l'on introduit dans l'anus et l'on fait mouvoir le soufflet avec précaution.

A défaut de l'appareil fumigatoire, on pourrait se servir de deux pipes; on en charge une que l'on allume et dont on introduit le tuyau dans l'anus du noyé en guise de canule; on souffle par le tuyau de l'autre, qui est appliquée sur la première, fourneau contre fourneau.

Chaque injection de fumée devra durer une ou deux minutes au plus, et, dans aucun cas, elle ne devra être prolongée au point de provoquer le gonflement du ventre.

Après chaque opération qui pourra être répétée plusieurs fois de quart d'heure en quart d'heure, on exercera, à plusieurs reprises, une légère pression sur le bas-ventre, de haut en bas, et avant de procéder à une nouvelle fumigation, on introduira dans l'anus une canule fixée à une seringue ordinaire, vide, dont on tirera le piston vers soi, de manière à enlever l'air ou la fumée qui pourrait se trouver en excès dans les intestins.

2° Il doit être assis dans un fauteuil ou sur une chaise et maintenu dans cette position, en lui soutenant la tête verticalement. On lui jettera alors, avec force, de l'eau froide par potée sur le corps et au visage ; cette opération doit être continuée longtemps ;

3° Si l'asphyxié commence à donner quelques signes de vie, il ne faut pas discontinuer les affusions d'eau froide ; seulement on évitera de lui jeter de l'eau principalement sur la bouche, pendant qu'il fait des efforts d'inspiration ;

4° S'il fait des efforts pour vomir, il faut les favoriser en chatouillant l'arrière-bouche avec les barbes d'une plume ;

5° Dès que l'asphyxié pourra avaler, on devra lui faire boire de l'eau de mélisse ou de l'eau-de-vie additionnée d'eau ;

6° Lorsque la respiration sera rétablie, il faudra, après avoir bien essuyé le malade, le coucher dans un lit bassiné, la tête maintenue élevée, et lui administrer un lavement avec de l'eau tiède dans laquelle on aura fait fondre gros comme une noix de savon ou mis deux cuillerées à bouche de vinaigre.

2° Asphyxiés par fosses d'aisances, puisards, égouts et citernes. (Les gaz produits sont de l'acide sulfhydrique plus ou moins chargé de sulfhydrate d'ammoniaque, ou de l'azote.)

1° Le malade devra être retiré le plus tôt possible du lieu méphitisé, exposé au grand air et débarrassé de ses vêtements [1] ;

2° Aussitôt que l'asphyxié aura été ramené à l'air libre, on procédera à la désinfection de ses vêtements. A cet effet, on les arrosera largement d'eau chlorurée [2] ;

3° On déshabillera ensuite le malade et on le lavera rapidement avec la même solution chlorurée.

Dès qu'il est déshabillé et lavé, on le soumet aux différentes pratiques indiquées plus haut pour le rétablissement de la respiration chez les noyés ;

4° Dès que des indices de respiration apparaissent, on place sous le nez du malade du chlorure de chaux humecté d'eau et additionné de quelques gouttes de vinaigre ;

1. Il existe des appareils qui permettent de pénétrer et de séjourner pendant un certain temps dans des milieux méphitisés.

Chaque poste de secours dépendant de la Préfecture de Police renferme un de ces appareils, qui doit être mis, dans l'occasion, à la disposition des sauveteurs.

Lorsque l'agent méphitique est de *l'acide sulfhydrique* ou du *sulfhydrate d'ammoniaque*, comme cela a lieu dans les fosses d'aisances, on se sert avec avantage d'un *sachet* contenant une certaine quantité de chlorure de chaux, humecté d'eau et placé au-devant de la bouche.

2. On peut faire usage du chlorure de chaux sec (une cuillerée comble), délayé dans un litre d'eau.

5° S'il fait quelques efforts pour vomir, il faut les favoriser en chatouillant l'arrière-bouche avec les barbes d'une plume.

Le reste des soins, comme dans les autres asphyxies.

3° Asphyxiés par les gaz impropres à la respiration. (Caves renfermant de la drèche, air confiné ou non renouvelé.)

Il suffit, en général, d'exposer le malade au grand air, d'enlever tout lien autour du cou et de chercher à rétablir la respiration par les moyens indiqués plus haut pour les noyés.

4° Asphyxiés par le gaz d'éclairage.

Le traitement qui convient est celui qui a été indiqué pour les malades asphyxiés par la vapeur du charbon.

On placera le malade au grand air et on usera des moyens les mieux appropriés pour ramener chez lui la respiration, ainsi que cela est dit plus haut.

ASPHYXIÉS PAR STRANGULATION, SUSPENSION OU SUFFOCATION

1° Il faut tout d'abord détacher ou plutôt, afin d'aller plus vite, couper le lien qui entoure le cou et, s'il y a pendaison, descendre le corps en le soutenant de manière qu'il n'éprouve aucune secousse.

Tout cela doit être fait sans délai et sans attendre l'arrivée de l'autorité de police.

On enlèvera ensuite ou on desserrera les jarretières, la cravate, la ceinture du pantalon, les cordons de jupes, le corset, en un mot toute pièce de vêtement qui pourrait gêner la circulation;

2° On placera le corps, mais sans lui faire éprouver de secousses, selon que les circonstances le permettront, sur un lit, sur un matelas, sur de la paille, etc., de manière cependant qu'il y soit commodément et que la tête ainsi que la poitrine soient plus élevées que le reste du corps;

3° Si le malade est porté dans une chambre, elle ne doit être ni trop chaude ni trop froide, et il faut veiller à ce qu'elle soit convenablement aérée;

4° Il est indispensable d'appeler d'urgence un homme de l'art, parce que la question de savoir s'il y a lieu de pratiquer une saignée reposant en grande partie sur des connaissances anatomiques et sur l'examen de la corde et du lien, il n'y a que le médecin qui puisse bien apprécier ces sortes de cas et ordonner ce qui convient;

5° Lorsque, après l'enlèvement du lien, les veines du cou restent gonflées, la face rouge tirant sur le violet, si l'homme de l'art tarde d'arriver, on peut mettre derrière chaque oreille, ainsi qu'à chaque tempe, six à huit sangsues;

6° Si la suspension ou la strangulation a eu lieu depuis peu de minutes, il suffit quelquefois, pour rappeler le malade à la vie, d'appliquer sur le front et sur la tête des linges trempés dans l'eau froide et de faire en même temps des frictions aux extrémités intérieures.

Dans tous les cas et dès le commencement il faut exercer sur la poitrine et le bas-ventre des pressions intermittentes, comme pour les noyés, afin de provoquer les mouvements de la respiration.

On ne négligera pas non plus de frictionner l'asphyxié avec des flanelles ou des brosses surtout à la plante des pieds et dans le creux des mains ;

7° Dès qu'il peut avaler, on lui fera prendre par petites quantités de l'eau tiède additionnée d'un peu d'eau de mélisse, de Cologne, de vin ou d'eau-de-vie ;

8° Si, après avoir été complètement rappelé à la vie, le malade éprouve de la stupeur, des étourdissements, les applications d'eau froide sur la tête deviennent utiles ;

9° En général, l'asphyxié par suspension, strangulation ou suffocation, doit être traité, après le rétablissement de la vie, avec les mêmes précautions que dans les autres espèces d'asphyxies.

ASPHYXIÉS PAR LE FROID

1° On portera l'asphyxié, le plus promptement possible, de l'endroit où il a été trouvé au lieu où il devra recevoir des secours ; pendant ce trajet, on enveloppera le corps de couvertures, de paille ou de foin, en laissant la face libre. On évitera aussi d'imprimer au corps et surtout aux membres, des mouvements brusques ;

2° Dans l'asphyxie par le froid, il est de la plus haute importance de ne rétablir la chaleur que lentement et par degrés. Un asphyxié par le froid qu'on approcherait du feu, ou que, dès le commencement des secours, on ferait séjourner dans un lieu trop chauffé, serait irrévocablement perdu. Il faut, en conséquence, le porter dans une chambre sans feu et là lui administrer les premiers secours que réclame sa position [1] ;

3° Si l'asphyxie a eu lieu par un froid de plusieurs degrés au-dessous de zéro, on déshabillera le malade dont on couvrira tout le corps, y compris les membres, de linges trempés dans l'eau et à laquelle on aura ajouté des glaçons concassés.

Il y aurait même avantage à le plonger dans une baignoire contenant assez d'eau additionnée de glace pour que le tronc et les membres en fussent couverts.

1. Dans quelques localités on a l'habitude de mettre les asphyxiés par le froid dans des tas de fumier; cette pratique est extrêmement dangereuse sous le double rapport de la chaleur produite et de l'acide carbonique dégagé sous l'influence de la fermentation du fumier.

Enfin il y a utilité à pratiquer des frictions avec de l'eau glacée et mieux encore avec de la neige;

4º Lorsque le malade commence à se réchauffer, ou lorsqu'il se manifeste des signes de vie, on l'essuie avec soin, et on le place dans un lit, en s'abstenant toutefois d'allumer du feu dans la pièce où est le lit tant que le corps n'a pas recouvré sa chaleur naturelle;

5º Aussitôt que le malade peut avaler, on peut lui faire prendre un demi-verre d'eau froide dans lequel on aura mis une cuillerée à café d'eau de mélisse, d'eau de Cologne, ou de tout autre liquide spiritueux;

6º Dans le cas où l'asphyxié aurait de la propension à l'assoupissement, on lui administrerait des lavements irritants, soit avec de l'eau salée [1], soit avec de l'eau de savon.

Il est utile de faire observer que, de toutes les asphyxies, l'asphyxie par le froid est celle qui laisse, selon l'expérience des pays septentrionaux, le plus de chances de succès, même après plusieurs heures de mort apparente.

Mais d'un autre côté cette asphyxie exige aussi plus que toute autre une grande précision dans l'emploi des moyens destinés à la combattre, et notamment dans le réchauffement lent et progressif du malade.

ASPHYXIÉS PAR LA CHALEUR

1º Si l'asphyxie a eu lieu par l'effet du séjour dans un lieu trop chaud, il faut transporter l'asphyxié dans un lieu plus frais et lui enlever, sans délai, tout vêtement qui pourrait gêner la respiration et la circulation;

2º Dans toute asphyxie par la chaleur, la première chose à faire est de débarrasser le cerveau, en tirant du sang. S'il n'y a pas de médecin pour pratiquer une saignée et si quelqu'un des assistants est apte à le faire, il ne devra pas hésiter un seul instant, principalement dans les contrées et les saisons chaudes;

3º Les sinapismes en pâte ou en feuilles seront très utilement appliqués aux extrémités inférieures;

4º Dès que le malade peut avaler, il faut lui faire boire, par petites gorgées, de l'eau fraîche acidulée avec du vinaigre ou du jus de citron, et lui donner des lavements d'eau vinaigrée, mais un peu plus chargée en vinaigre que l'eau destinée à être bue.

Chez les asphyxiés par la chaleur, les boissons aromatiques ou vineuses sont toujours nuisibles;

5º En cas de persistance des accidents et si aucun des assistants n'est apte à pratiquer une saignée, on peut, sans attendre l'arrivée

1. Une cuillerée de sel dans un demi-lavement.

du médecin, appliquer huit à dix sangsues derrière chaque oreille, ou quinze à vingt à l'anus;

6° Si l'asphyxie a été déterminée par l'action du soleil, comme cela arrive surtout aux moissonneurs et aux militaires, le traitement est le même, mais il faut, dans ce cas, faire des applications d'eau froide sur la tête; il est à noter que c'est surtout dans ces circonstances que la saignée est efficace;

7° Pendant l'administration des secours, le malade doit être maintenu dans une position droite et la tête élevée.

ASPHYXIÉS PAR LA FOUDRE

Si une personne a été asphyxiée par la foudre, il faut la porter immédiatement au grand air, la débarrasser sans délai de ses vêtements, faire des affusions d'eau froide comme dans les cas d'asphyxie par les gaz méphitiques; pratiquer des frictions aux extrémités et chercher à rétablir la respiration par des pressions alternatives de la poitrine et du bas-ventre et par les autres moyens employés dans les soins à donner aux noyés.

La Commission se composait de MM. DEVERGIE, GUÉRARD, LARREY, VERNOIS, membres du Conseil, et de M. VOISIN, directeur des secours publics.

Lu et adopté la présente instruction en la séance du 9 février 1872.

Le Vice-président,   Le Secrétaire,
BUIGNET.   LASNIER.

État des objets qui doivent être contenus dans les boîtes de secours suivant l'ordre dans lequel on les emploie ordinairement.

1° Une paire de ciseaux de seize centimètres de long, à lames mousses;

2° Un peignoir en laine;

3° Un bonnet de laine

4° Un levier en buis;

5° Un caléfacteur de demi-litre à un litre;

6° Deux frottoirs en laine;

7° Deux brosses;

8° Une bassinoire à eau bouillante;

9° Le corps de la machine fumigatoire;

10° Son soufflet;

11° Un tuyau et une canule fumigatoire;

12° Une boîte contenant du tabac à fumer

13° Une seringue à lavement avec canule;

14º Une aiguille à dégorger la canule;

15º Des plumes pour chatouiller la gorge;

16º Une ouillère étamée;

17º Un gobelet d'étain;

18º Un biberon;

19º Une bouteille contenant de l'eau-de-vie camphrée;

20º Un flacon contenant de l'eau de mélisse spiritueuse;

21º Un flacon renfermant un demi-litre d'alcool;

22º Une petite boîte renfermant plusieurs paquets d'émétique de cinq centigrammes chacun;

23º Un flacon à l'émeri, à large ouverture, contenant cinq cents grammes de chlorure de chaux en poudre;

24º Un flacon contenant cent grammes de vinaigre;

25º Un flacon à l'émeri, contenant cent grammes d'éther sulfurique;

26º Un flacon à l'émeri, contenant cent grammes d'ammoniaque (alcali volatil);

27º Cent grammes de sel gris;

28º Des bandes à saigner, des compresses, de la charpie et une bande de taffetas d'Angleterre;

29º Un nouet de poivre et de camphre pour la conservation des objets en laine;

30º Une palette;

31º Un briquet;

32º Un speculum laryngien;

33º Un marteau de Mayor.

Outre ces objets, on placera un thermomètre centigrade, dans chaque localité où il sera possible de le faire. Ces boîtes sont tombées en désuétude. Tous les médicaments ont été depuis modifiés complètement par les ambulances en poste qui sont installées sur le parcours de la Seine, munis d'appareils spéciaux pour réchauffer les noyés, les soutenir et pouvoir administrer tous les soins possibles pour les rappeler à la vie ainsi que tous les engins nouveaux créés pour faciliter le transport des blessés.

SOCIÉTÉ CENTRALE

DE

SAUVETAGE DES NAUFRAGÉS

Reconnue comme établissement d'utilité publique par décret du 17 novembre 1865.

Présidents d'honneur

MM.

Le Ministre de la Marine ;
Le Ministre des Travaux publics ;
Le Ministre des Finances.

Président honoraire :

M. le vice-amiral Lafont (G. C. ✻, O. ☉).

Président :

M. le vice-amiral Duperré (G. C. ✻, O. ☉).

Vice-présidents :

MM.

Émile Robin (✻), bienfaiteur, membre du Comité.
Pereire (C. ✻), président de la Compagnie générale transatlantique.
Mazeau (G. O. ✻), sénateur, ancien ministre, premier président
    honoraire de la Cour de Cassation.
G. Pallain (C. ✻, O. ☉), gouverneur de la Banque de France.

Membres du Conseil d'administration :

MM.

Le baron Alquier (G. O. ✻), vice-amiral.
Le prince d'Arenberg, député.
Balézeaux (✻), capitaine de frégate en retraite.
Besnard (G. O. ✻, O. ☉), vice-amiral, ancien ministre de la Marine.
Henri Bordes, administrateur délégué de la Compagnie bordelaise
    de navigation à vapeur.
Bousquet (O. ✻), ancien conseiller d'État, directeur général hono-
    raire des Douanes.
Brunet (O. ✻), conseiller d'État, directeur général des Douanes.

Buret (C. ✳), contre-amiral,

Candelot (C. ✳), colonel d'artillerie coloniale de réserve, maire de Bourg-la-Reine,

Charles-Roux (O. ✳), ancien député,

Clavaud (✳), capitaine de frégate en retraite, membre du Comité,

François Coppée (C. ✳), membre de l'Académie française,

Delarbre (G. O. ✳), conseiller d'État honoraire, trésorier général honoraire des Invalides de la Marine, président honoraire du Conseil d'administration de la Compagnie des Chemins de fer de l'Ouest, membre du Comité,

Duboc (Émile), (O. ✳), lieutenant de vaisseau de réserve,

Dufresne de la Chauvinière (C. ✳, O. ◎), capitaine de vaisseau en retraite, directeur honoraire au ministère de la Marine, membre du Comité,

Fournier (C. ✳, O. ◎), commissaire général de la Marine en retraite, membre du Comité,

Galiber (G. C. ✳), vice-amiral, ancien ministre de la Marine et des Colonies,

Gentil (O. ✳), capitaine de frégate en retraite, ancien conseiller référendaire à la cour des Comptes, membre du Comité, bienfaiteur,

Le baron Hély d'Oissel (O. ✳), ancien conseiller d'État, ancien député,

De Kerhallet (Georges), membre du Comité,

Labrosse (O. ✳), trésorier général des Invalides de la Marine, membre du Comité,

Le comte de La Jaille (G. C. ✳), vice-amiral, sénateur,

Lavisse (C. ✳), membre de l'Académie française,

Martin (Paul) (G. O. ✳), vice-amiral,

Merveilleux du Vignaux (P.), ingénieur,

Mirabaud, président du Conseil d'administration de la Compagnie des *Chargeurs Réunis*,

Mojon (C. ✳), général de brigade, président de section au Conseil d'État,

Piaud (Léon) (✳), ingénieur des constructions navales, membre du Conseil supérieur de la marine marchande,

Le docteur Eugène Rochard (✳), chirurgien des hôpitaux,

Tranchant (Charles) (O. ✳), président du Conseil d'administration de la Compagnie des Messageries maritimes,

Turquet (✳), président-fondateur de la Société française de Sauvetage,

Administrateur-délégué.

M. Clavaud (✳), capitaine de frégate en retraite,

13

Inspecteur-secrétaire :

M. Duboc (Émile) (O. ✻), lieutenant de vaisseau de réserve.

Inspecteurs :

MM.

Granjon de Lépiney (✻), lieutenant de vaisseau de réserve.
De la Motte du Portail (O. ✻), capitaine de frégate de réserve.

Notaire de la Société :

Me Dufour, 15, boulevard Poissonnière, Paris.

SOCIÉTÉ CENTRALE

DE

SAUVETAGE DES NAUFRAGÉS

Aperçu des services que rend sur nos côtes la première Société de France, fille aînée de la Société des Sauveteurs de la Seine.

Sa mission. — Son organisation. — Ses appareils de sauvetage. — Résultats obtenus.

La Société centrale de Sauvetage des Naufragés, créée en 1865 et reconnue comme établissement d'utilité publique la même année, a pour but de porter secours aux naufragés, aux victimes des événements de mer, sur toutes les côtes de France, d'Algérie et de Tunisie.

Pour arriver à ce but, la Société entretient sur tout le littoral un matériel considérable d'une valeur de près de deux millions, qu'elle améliore et augmente sans cesse suivant les ressources mises à sa disposition par les personnes généreuses qui s'intéressent au sort de nos marins ; elle s'assure que ce matériel spécial est surtout entre les mains d'hommes dévoués, bien exercés, aptes à s'en servir dès que le besoin s'en fait sentir.

Là où la population maritime est assez nombreuse, la navigation fréquente, les dangers éloignés de la côte, la Société centrale établit une station de canot. Les postes de porte-amarres sont placés au contraire sur les points déserts de notre littoral, là où il serait impossible de recruter un équipage, où il n'existe souvent qu'un poste de douane, un phare, un sémaphore à plusieurs kilomètres de tout point habité.

Les canots de la Société centrale de Sauvetage des Naufragés [1] sont presque tous d'un type uniforme qui, à la suite d'expériences

1. La majeure partie de ces canots portent soit des noms choisis par les donateurs à la générosité desquels ils sont dus, soit les noms de ces donateurs eux-mêmes.

sérieuses, a été reconnu supérieur aux autres. Les qualités spéciales de ces embarcations, en dehors de celle de l'insubmersibilité commune à tous les canots dits de sauvetage sont : *l'évacuation directe de l'eau et le redressement après chavirement.*

L'évacuation de l'eau s'obtient au moyen de six larges tubes en cuivre qui ont leur orifice supérieur au ras du pont élevé de plusieurs centimètres au-dessus de la flottaison et leur orifice inférieur au fond du canot, traversant ainsi l'espace compris entre le pont et le fond de l'embarcation sans permettre la moindre infiltration à l'intérieur.

Le redressement après chavirement est obtenu par l'adaptation aux extrémités de deux grandes caisses à air et l'addition d'une quille en fer. Lorsque le canot est chaviré, il est en équilibre instable sur ces deux caisses à air, et au moindre mouvement de la mer il se redresse. L'eau qu'il contient est évacuée en une vingtaine de secondes par les tubes en cuivre.

Généralement, lorsqu'un canot chavire, la plupart des hommes qui le montent sont jetés à la mer, mais il en reste toujours en dedans un certain nombre qui instinctivement se sont accrochés à leurs bancs, et font le tour avec l'embarcation. Dès que celle-ci est redressée, ils aident leurs camarades, toujours munis de leur ceinture de sauvetage, à remonter à bord.

L'équipage habituel est de douze hommes, dix qui arment les avirons, le patron qui est à la barre et le sous-patron qui se tient à l'avant.

Le patron et le sous-patron reçoivent une allocation annuelle; les canotiers ont droit à une indemnité toutes les fois qu'ils prennent la mer, soit pour un sauvetage, soit pour les exercices qui ont lieu chaque trimestre. Les canots sont généralement placés sur un chariot dans une maison-abri, prêts à être transportés sur le point de la côte le plus favorable pour la mise à l'eau. C'est la disposition qui paraît la meilleure pour la plupart des localités. Là où elle ne convient pas, on prend d'autres mesures.

La Société centrale de Sauvetage des Naufragés possède quatre-vingt-cinq stations de canots en plein fonctionnement.

Ses postes de porte-amarres et de secours, au nombre de 454, sont répartis sur tout le littoral et confiés aux agents du service actif des douanes qui s'en servent dans toutes les occasions avec une grande habileté et le plus complet dévouement. Ils contiennent des ceintures de sauvetage, des lignes et des cordages de toutes sortes, des bâtons plombés, des fusils et canons porte-amarres.

Au moyen de ces armes, on lance un projectile auquel est fixée une ligne. Le projectile passant au delà du navire en détresse, la ligne tombe à bord et on a une première communication avec les naufragés. On leur fait alors passer successivement d'autres cordes avec les indications nécessaires pour s'en servir, inscrites sur de petites planchettes. On obtient ainsi un système de va-et-vient qui est manœuvré complètement par les sauveteurs à terre; les naufragés n'ont qu'à se placer successivement dans une espèce de culotte attachée à une bouée circulaire en liège qui fait la navette entre le navire et la plage.

Sur 454 postes que la Société possède sur le littoral, 75 sont munis d'un canon sur affût et d'un matériel complet de va-et-vient placé dans un chariot. Y compris l'abri qui sert à remiser tout l'appareil, chaque poste de sauvetage de ce genre représente une dépense d'environ 4,500 francs.

Une station de canot coûte de son côté de 25,000 à 30,000 francs, suivant les localités.

Le matériel de la Société centrale de Sauvetage des Naufragés a donc une valeur de plus de deux millions et, par suite, exige annuellement de grands frais d'entretien.

Grâce à cette organisation, le nombre des personnes sauvées était, au 1er mars 1897, de 9,697; le total des navires et barques sauvés ou secourus s'élevait à 971.

Ce n'est pas sans courir souvent de réels dangers que nos populations si dévouées du littoral ont obtenu un pareil résultat. Aussi la Société centrale, qui est en communication continuelle avec ses braves auxiliaires de la côte, leur décerne-t-elle, quand il y a lieu, des récompenses pécuniaires, des diplômes, des médailles de bronze, d'argent et d'or.

Les chiffres cités plus haut montrent que la Société centrale de Sauvetage des Naufragés a fait beaucoup, mais il lui reste encore beaucoup à faire. Bien des points du littoral demandent des stations et des postes que ses ressources restreintes ne lui permettent pas d'établir immédiatement; puis il y a le matériel à entretenir, à améliorer, à renouveler; cet entretien, ces modifications, ces renouvellements sont dispendieux, et le budget de la Société centrale, provenant exclusivement de dons et souscriptions volontaires, de legs, est bien limité. Elle ne peut marcher que lentement, et cependant des naufrages se produisent souvent sur des points où les moyens de sauvetage sont insuffisants. Quelques engins de plus à la disposition de nos braves et dévouées populations maritimes, et le nombre des nouvelles victimes arrachées à la mer viendra augmenter sensiblement celui des personnes déjà sauvées.

Aussi la Société centrale de Sauvetage des Naufragés adresse-t-elle le plus pressant appel à la générosité de tous ceux qui s'intéressent à son œuvre si éminemment philanthropique. Plus les ressources seront grandes, plus les services rendus seront nombreux, et ce sera l'honneur et la récompense de ceux qui auront bien voulu y contribuer.

RÉSUMÉ

Des services rendus au moyen des engins
de la Société centrale de Sauvetage des Naufragés
du 1er mars 1896 au 1er mars 1897.

CANOTS DE SAUVETAGE

DATES	STATIONS	NATURE DES SERVICES	PERSONNES SAUVÉES	NAVIRES SECOURUS
1896.				
3 Mars	Conquet..........	Sortie au secours du bateau de pêche N° 615..........	»	»
6 —	Ile de Bréhat	Secours à l'équipage de la gabare *Anna*..........	4	»
8 —	Calais..........	Sortie au secours du vapeur *City-of-Antwerp*..........	»	»
9 —	Calais..........	Sortie au secours du quatre-mâts *Pass-of-Melfort*	»	»
25 —	Audierne..........	Sortie au sec. du sloop *Idès*.	»	»
28 —	La Turballe	Sortie au secours de la chaloupe *Auguste-et-Philo-mène*..........	»	1
28 —	Kérity..........	Sauvetage d'un homme et de l'équipage du bateau de pêche *Saint-Fiacre*.......	4	»
20 —	Tréport..........	Sortie pour secourir les hommes s'occupant du renflouement du sloop *Berwick*...	»	»
1er Avril ...	Barfleur..........	Manœuvre en vue de secourir le steamer *Deux-Frères* ..	»	»
11 — —	Cayeux	Sauvetage de 8 hommes du brick *Elisa*..........	8	»
14 — —	Saint-Guénolé......	Sortie au secours du canot de pêche *Saint-Viau*	»	»
18 — —	Royan	Renflouement du cotre pilote *Girondin*..........	»	1
28 — —	Diélette..........	Sortie au secours du vapeur *Le Cygne*..........	»	»
29-30—	Fécamp..........	Sauvetage de 3 hommes du bateau de pêche *L'Albert*.	3	»
5 Mai.....	⎰	Renflouement du cotre de pêche *Notre-Dame-des-Grâces*..........	»	1
8 —	Royan	Renflouement de la chaloupe de pêche *P. M. N° 1*	»	1
15 —	⎱	Transbordement de 156 passagers du paq. *St-Laurent*.	»	»
		A reporter	19	4

DATES	STATIONS	NATURE DES SERVICES	PERSONNES SAUVÉES	NAVIRES SECOURUS
1896		Report.....	19	4
26 Mai	Kérity...........	Sortie au secours de la chaloupe de pêche *Double-Alliance*.............	»	»
6 Juin.....	Saint-Marc.........	Sauvetage de l'équipage de la goélette *Garibaldi*.....	5	»
11 —	Granville..........	Sortie au secours du sloop *Le Cassard*.............	»	»
16-17 —	Ile Molène.........	Sortie pour tâcher de recueillir les naufragés du paquebot anglais *Drummond-Castle*............	»	»
16-17 —	Stiff (Ouessant)....	Sortie pour tâcher de recueillir les naufragés du paquebot anglais *Drummond-Castle*............		
16-17 —	Lampaul (Ouessant).	Sortie pour tâcher de recueillir les naufragés du paquebot anglais *Drummond-Castle*............	»	»
24 —	Audresselles......	Sortie au secours du bateau N° 2048............	»	»
14 Juillet...	St-Denis-d'Oléron ..	Sortie au secours du bateau de pêche *Yves-Marie*......	»	»
6 Août	Diélette..........	Sauvetage d'un canot.....	1	1
22 —	Quiberon..........	Le canot est prêt à porter secours au bateau de pêche *Adélaïde*.............	»	»
25 —	Quiberon..........	Sauvetage de la chaloupe de pêche *Nul-bien-sans-peine*............	3	1
26 —	Royan...........	Secours à la gabare *Jeune-Adolphe*...........	3	1
5 Sept.....	Goury...........	Sortie au secours du dundee *Espérance*...........	»	»
21 —	Croix-de-Vie......	Assistance aux bateaux de pêche *Bois-du-Vin* et *Jeune-Pierre*............	»	2
21 —	Pontusval.........	Sauvetage du bateau de pêche *Rosalie*............	3	1
22 —	Douarnenez.......	Sauvetage de l'équipage du bateau de pêche *Timothé*, N° 1860............	3	»
25 —	Ouistreham........	Secours envoyés à une embarcation en danger de couler...........	»	»
25 —	Lesconil..........	Assistance à 10 bateaux de pêche et sauvetage de la chaloupe N° 1408............	8	1
25 —	Roscoff..........	Sauvetage du bateau de pêche *Deux-Sœurs*............	5	1
		A reporter......	50	12

DATES	STATIONS	NATURE DES SERVICES	PERSONNES SAUVÉES.	NAVIRES SECOURUS.
1896		*Report*.....	50	12
25 Sépt.....	Palais.........	Sauvetage de l'équipage du bateau de pêche *Jeune-Mélanie*.....	6	»
25 —	Camaret.........	Sauvetage des 3 hommes du lougre *Alexis-Caroline* et de l'équipage et des passagers d'un lougre paimpolais.....	10	»
25 —	Douarnenez.......	Sauvetage du mousse du navire *Saint-Martin* et de 4 hommes de l'équipage d'un bateau de pêche de Douarnenez.....	5	»
25 —	Douarnenez.......	Sauvetage du cotre *Ouessantin* et de 2 hommes du canot N° 2374.....	3	1
6 Octobre	Roscoff.........	Sortie au secours du bateau de pêche *Marie-Joseph*...	»	»
8 —	Sables.........	Assistance aux barques de pêche.....	»	»
13 —	Fort-Mardyck.....	Sortie au secours du trois-mâts hollandais *Emmanuel*.....	»	»
13 —	Dunkerque.......	Sauvetage de 15 personnes du trois-mâts hollandais *Emmanuel*.....	15	»
31 —	Conquet.........	Sortie au secours du brick-goélette *Théodore*.....	»	»
6 Nov.....	Agde.........	Assistance à 10 bateaux de pêche.....	»	10
8 —	Barfleur.....	Sortie au secours de la goélette *P.-H. Dawson*.....	»	»
8 —	Douarnenez.....	Sortie au secours d'un dundee.....	»	»
15 —	Perros-Guirec.....	Sortie au secours de la goélette *Héroïne*.....	»	»
20 —	Carro.........	Secours au cutter *Jeune-Augustine*.....	3	1
20 —	Sein.........	Sortie en vue de secourir un bateau de pêche.....	»	»
25 —	Calais.........	Sortie au secours du vapeur *Llamdaff*.....	»	»
4 Déc.....	Camaret.........	Assistance à un navire.....	»	1
4 —	Pontrieux.........	Sortie en vue de secourir un vapeur en détresse.....	»	»
4 —	Douarnenez.......	Sortie au secours du bateau de pêche N° 1709..... Sauvetage de l'équipage de la chaloupe de pêche *Défense-Mobile*.....	» 7	» 1
		A reporter.....	99	26

DATES	STATIONS	NATURE DES SERVICES	PERSONNES SAUVÉES	NAVIRES SECOURUS
1896		Report.....	99	20
4 Déc	Douarnenez........	Sauvetage de l'équipage de la chaloupe de pêche N° 147 de Douarnenez...	8	1
4 —	Palais...........	Secours à l'équipage de la chaloupe de pêche Saint-Paul..........	5	»
5 —	Saint-Denis-d'Oléron	Sortie au secours d'un dundée	»	»
6 —	Grau-du-Roi......	Sortie en vue de secourir l'équipage du bateau de pêche L'Espérance......	»	»
6 —	Audierne.........	Sauvetage de l'équipage du cotre Lune de Landerneau.	3	»
7 —	Roscoff..........	Sauvetage du brick Louise-Elisa.....	7	1
7 —	Saint-Guénolé.....	Sortie au secours d'un brick-goëlette...........	»	»
14 —	Palais...........	Sortie au secours du trois-mâts-goëlette suédois Aurora........	3	1
14 —	Saint-Trojan......	Secours au dundée Raymond.	3	1
14 —	Becquet........	Sortie en vue de secourir le bateau pilote N° 6 du Havre.	»	»
14 —	Camaret.........	Sauvetage de l'équipage de la goëlette Jeune-France..	5	»
		Sauvetage de l'équipage du lougre Saint-Michel...	6	»
		Sauvetage de 5 hommes de l'équipage de la goëlette Angèle........	5	»
15 —	La Turballe	Sortie au secours du vapeur Adolphe-Deppe......	»	»
21 —	Molène..........	Sauvetage de l'équipage du sloop Noé..........	3	»
21 —	Audierne.........	Secours à la chaloupe de pêche Ave Maris Stella...	»	1
22 —	La Goulette.......	Sauvetage de la balancelle Isabella..........	7	1
23 —	Grau-du-Roi......	Sortie au secours du steamer Alix...........	»	»
29 —	Royan	Secours au cotre de pêche Thérèse-Louise........	»	1
1897				
6 Janvier..	Tunis...........	Sortie au secours d'un canot du steamer Impérialiste..	9	1
6 —	Sein	Sortie au secours du vapeur La Belgique...........	»	»
7 —	Audierne........	Assistance à 9 bateaux de pêche............	»	»
		A reporter.....	160	33

DATES	STATIONS	NATURE DES SERVICES	PERSONNES SAUVÉES	NAVIRES SECOURUS
1897		*Report*	160	33
8 Janvier	Barfleur	Sauvetage du vapeur français *Aramis*, abandonné en mer	»	1
12 —	Fécamp	Secours au chalutier à vapeur *Duquesne*	»	1
13 —	Agde	Secours au trois-mâts anglais *Ardeende*	»	1
23 —	Becquet	Sortie au secours du trois-mâts norvégien *Glimt*	»	»
23 —	Cap Lévi	Sortie au secours du trois-mâts norvégien *Glimt*	»	»
24 —	Calais	Sauvetage de 5 hommes de l'équipage du bateau-pilote *Liberté*	5	»
24 —	Port-Vendres	Secours au vapeur *Erymanthe*	»	1
25 —	Trouville	Sortie au secours de la goélette *Neptune*	»	»
Nuit du 25 au 26	Fort-Mardyck	Le patron reste en observation toute la nuit pour secourir le vapeur anglais *Natal*	»	»
29 Janvier	Tréport	Sortie au secours du navire *Marie-Alice*	»	»
29 —	Gravelines	Sauvetage des 8 hommes d'équipage du brick norvégien *Hilda*	8	»
4 Février	Audresselles	Sortie pour surveiller le renflouement du trois-mâts barque *North-Star*	»	»
4 —	Lesconil	Sauvetage des 17 hommes d'équipage du vapeur *Passagès*	17	»
6 —	Ajaccio	Sauvetage des 6 hommes d'équipage de la goélette *Providence*	6	»
7 —	Fort-Mardyck	L'équipage est rallié en vue de porter secours au trois-mâts norvégien *Manitoba*	»	»
7 —	Dunkerque	Sortie au secours du trois-mâts norvégien *Manitoba*	»	»
13 —	Molène	Sortie au secours d'un navire en détresse	»	»
14 —	Calais	Secours à la goélette *Clara*	5	1
17 —	Royan	Remorquage de la goélette *Saturne*	»	1
17 —	Audresselles	Sortie au secours du vapeur *Cérès*	»	»
17 —	Lampaul	Sortie au secours d'un navire signalé en détresse	»	»
		A reporter	201	39

DATES	STATIONS	NATURE DES SERVICES	PERSONNES SAUVÉES	NAVIRES SECOURUS
1897		*Report*....	201	39
17 Février	Stiff	Sortie au secours d'un navire signalé en détresse	»	»
21 —	Audierne	Sauvetage de la chaloupe de pêche *Joseph-Marie*	7	1
25 —	Audierne	Assistance aux barques de pêche	»	»
		TOTAL....	208	40

PORTE-AMARRES

1896				
9 Mars	Fort-Vert	Manœuvre en vue de secourir le quatre-mâts *Pass-of-Melfort*	»	»
30 Avril	Fécamp	Manœuvre en vue de secourir le lougre *Albert*	»	»
20 Mai	Fécamp	Manœuvre en vue de secourir le lougre *Marie-Marguerite*	»	»
24 Juin	Gris-Nez	Manœuvre en vue de secourir le bateau de pêche N° 2018	»	»
8 Sept.	Saint-Jean-de-Luz	Secours à l'équipage du yacht *Satanic*	2	»
24 —	Ploumanac'h	Manœuvre en vue de secourir l'équipage du trois-mâts *Maurice*	»	»
25 —	Penfret	Sauvetage des équipages des chaloupes de pêche n°s 868, 1541, 1464, 1387 et 855, du quartier de Quimper	25	»
25 —	La Pallice	Manœuvre en vue de secourir le brick *Victor-Eméline*	»	»
25 —	L'Huîtrière	Sauvetage de l'équipage du dundee *Père-Elie*	3	»
25 —	Sables	Manœuvre en vue de secourir le dundee *Moderne*	»	»
		Manœuvre en vue de secourir le sloop *Cécile*	»	»
25 —	Cherbourg	Manœuvre en vue de secourir le brick *Léontine-Amélie*	»	»
		Manœuvre en vue de secourir le brick *Henri-Evelina*	»	»
		À reporter....	30	»

DATES	STATIONS	NATURE DES SERVICES	PERSONNES SAUVÉES	NAVIRES SECOURUS
1896		*Report*	30	»
23 Sept.....	Morgat...........	Manœuvre en vue de secourir l'équipage du bateau de pêche 2494 de Douarnenez.	»	»
25 —	Camaret.........	Manœuvre en vue de secourir le lougre *Alexis-Caroline*.	»	»
25 —	Port-Navalo......	Secours à l'équipage du brick-goélette *Alcide*	6	»
13 Octobre.	Risban.........	Manœuvre en vue de secourir le navire *Emmanuel*...	»	»
4 Nov.....	Saint-Raphaël	Manœuvre en vue de secourir le trois-mâts barque *Maria*.	»	»
6 —	Les Peschiers.....	Secours au trois-mâts *Sainte-Rose*	2	1
8 —	Barfleur.........	Manœuvre en vue de secourir la goélette *P.-H.-Dawson*.	»	»
15 —	Ile Grande........	Sauvetage de l'équipage de la goélette *Héroïne*......	6	»
25 —	Fort-Vert........	Manœuvre en vue de secourir le vapeur *Llamdaff*....	»	»
4 Déc	Camaret.........	Manœuvre en vue de secourir le lougre *Marie-Angelina*.	»	»
6 —	Croix-de-Vie......	Manœuvre en vue de secourir la chaloupe de pêche *Angèle* n° 1400........	»	»
6 —	Audierne........	Manœuvre en vue de secourir le sloop *Lune*........	»	»
6 —	Piémanson........	Sauvetage de l'équipage du trois-mâts goélette *La Liberté*............	10	»
14 —	Camaret........	Sauvetage de l'équipage de la goélette *Achille-Charlotte* et du capitaine de la goélette *Angèle*........	5	»
18 —	Les Peschiers.....	Manœuvre en vue de secourir le trois-mâts *Rose-Madeleine*............	»	»
21 —	Audierne.........	Secours à la chaloupe *Ave-Maris-Stella*........	»	»
1897				
6 Janvier.	Macinaggio.......	Manœuvre en vue de secourir le brick-goélette *Gabrielli*.	»	»
7 —	Audierne,........	Manœuvre en vue de porter assistance à 9 bateaux de pêche............	»	»
23 —	Becquet et Bourbourg	Sauvetage, à l'aide du bâton plombé flottant, de 8 hommes de l'équipage du trois-mâts norvégien *Glimt*	8	»
		A reporter.....	67	1

DATES	STATIONS	NATURE DES SERVICES	PERSONNES SAUVÉES	NAVIRES SECOURUS
1897		Report.....	67	1
4 Février..	Wimereux.........	Manœuvre en vue de secourir le trois-mâts barque North-Star............	»	»
7 —	Risban..........	Manœuvre en vue de secourir le trois-mâts norvégien Manitoba...........	»	»
14 —	Fort-Vert	Manœuvre en vue de secourir la goélette Clara	»	»
19 —	Gris-Nez	Manœuvre en vue de secourir le vapeur Cérès	»	»
19 —	Audresselles......	Manœuvre en vue de secourir le vapeur Cérès........	»	»
20 —	Audierne.........	Assistance aux bateaux de pêche............	»	»
25 —	Audierne.........	Assistance aux bateaux de pêche............	»	»
		TOTAUX.....	67	1

ENGINS DIVERS

Lignes Brunel, gaffes Legrand, etc, etc.................... | 246 | »

RÉCAPITULATION

	Personnes.	N°es
Canots de sauvetage.............	208	40
Porte-amarres...................	67	1
Engins divers	246	»
TOTAUX......	521	41

RÉSUMÉ

Des services rendus au moyen des engins
de la Société centrale de Sauvetage des Naufragés
du 1er mars 1901 au 1er mars 1902.

CANOTS DE SAUVETAGE

DATES	STATIONS	NATURE DES SERVICES	PERSONNES SAUVÉES	NAVIRES SECOURUS
1901				
6 Mars	Saint-Malo	Sortie au secours de la gabare *Mathurin-Jean*	»	»
8 —	Roscoff	Sortie au secours du trois-mâts-goélette *Sainte-Marthe*	»	»
8 —	Ile de Batz	Sortie au secours du trois-mâts-goélette *Sainte-Marthe*	»	»
31 —	Aigues-Mortes	Sortie au secours de la goélette *Saint-Joseph*	»	»
4 Avril	Trouville	Sortie au secours du canot *Jean-Marguerite*	»	»
5 —	Ile Molène	Sauvetage des vingt-trois hommes du steamer *Rubenstein*	23	»
12 —	Port-Vendres	Sortie au secours du bateau de pêche *Joséphine*	»	»
25 —	Saint-Denis	Sortie au secours du dundee *Austerlitz*	»	»
3 Mai	Calais	Sortie au secours du chalutier n° 2257, de Boulogne	»	»
14 —	Ile de Sein	Sortie au secours du chalutier anglais *Skomer*	»	»
29 —	Lampaul-Ouessant	Sortie au secours du vapeur anglais *Captain*	»	»
30 —	Ile Molène	Secours au dundee *Intrépide*	»	1
1er Juillet	Ile Molène	Secours au sloop *Strella*	3	1
3 —	Etel	Sortie au secours du canot *Eugénie*	»	»
9 —	Palavas	Assistance aux barques de pêche	»	»
10 —	Audresselles	Manœuvre en vue de secourir le vapeur *Maritta*	»	»
23 —	Barfleur	Secours à la barque *Alexandre-Armandine*	2	1
1er Août	Royan	Sortie au secours de la gabare *Jacques*	»	»
		A reporter	28	3

DATES	STATIONS	NATURE DES SERVICES	PERSONNES SAUVÉES	NAVIRES SECOURUS
1901		*Report*	28	3
12 Août	Portrieux	Sortie au secours du bateau *Deux-Frères*	»	»
20 —	Omonville	Manœuvre en vue de secourir le dundee *Tollesbury*	»	»
27 —	Ile de Groix	Sortie au secours de six chalands à la dérive	»	»
1er Sept.....	Ile Molène	Sortie au secours d'un canot à la dérive	2	1
9 —	Argenton	Sauvetage du bateau de pêche *Barbiche*	3	1
11 —	Ile Molène	Sortie au secours du bateau *Saint-Pierre*	»	»
17 —	Saint-Marc	Sortie en vue de porter secours à des hommes supposés en danger	»	»
17 —	Royan	Remorquage du brick *Louis-Elisa*	»	1
17 —	Iles Glénans	Sauvetage du bateau *Notre-Dame-des-Iles*	1	1
21 —	Agde	Sortie au secours d'un navire italien en détresse	»	»
1er Octobre.	Lesconil	Sortie au secours du bateau *Foubert-de-Bizy*	»	»
3 —	Ile de Sein	Secours au bateau de pêche *Galilée*	»	»
4 —	Penfret	Sauvetage des quatre hommes du bateau de pêche n° 241, de Concarneau	4	»
6 —	Dieppe	Sortie au secours du paquebot *France*	»	»
6 —	Argenton	Sortie au secours d'un vapeur en détresse	»	»
7 —	Marseille	Sortie au secours du vapeur *Louis-C*	»	»
19 —	Saint-Guénolé	Sortie au secours du brick *René*	»	»
19 —	Saint-Pierre	Sortie au secours du brick *René*	»	»
19 —	Kérity	Sortie au secours du brick *René*	»	»
21 —	Quiberon	Sauvetage des deux hommes du sloop *Providence*	2	»
1er Nov.....	Calais	Sortie au secours du vapeur *Polooia*	»	»
12 —	Barfleur	Sortie au secours du canot de pêche *Saint-Louis*	»	»
13 —	Kérity	Sortie au secours du brick *Saint-Nicolas*	»	»
13 —	Saint-Pierre	Sortie au secours du brick *Saint-Nicolas*	»	»
		A reporter	40	7

DATES	STATIONS	NATURE DES SERVICES	PERSONNES SAUVÉES	NAVIRES SECOURUS
1901		*Report*....	40	7
13 Nov....	Saint-Guénolé......	Sortie au secours du brick *Saint-Nicolas*	»	»
23 —	Penfret.......	Secours à la chaloupe *France-Mer*.......	8	1
6 Déc....	Saint-Florent......	Sortie au secours du brick grec ΑΡΧΑΓΓΕΛΟΣ	»	»
13 —	Saint-Marc........	Secours au trois-mâts *Chanaral*........	1	1
13 —	Pouliguen.........			
13 —	Bonifacio.........	Sortie au secours de la gondole *Gracieuse*........	»	»
15-18 —	Carro...........	Secours à l'équipage du paquebot *Kléber*........	43	»
16 —	Kérity..........	Sortie au secours du trois-mâts allemand *Prisia*....	»	»
16 —	Saint-Pierre......	Sortie au secours du trois-mâts allemand *Prisia*....	»	»
16 —	Saint-Guénolé.....	Sortie au secours du trois-mâts allemand *Prisia*....	»	»
21 —	Ile Molène.......	Sauvetage du bateau de pêche n° 1093........	2	1
25 —	Lesconil	Sauvetage de la goëlette *La Gauloise*........	6	1
28 —	Sables..........	Secours à la goëlette *Pauline*.	4	1
1902				
2 Janvier..	Ile Molène.......	Sauvetage du dundee *Vénus*.	5	1
8 —	Argenton.........	Sauvetage de deux hommes surpris par la grosse mer sur le phare de Corn-ar-Thais........	2	»
14 —	Audresselles......	Sortie au secours du vapeur danois *Eos*...........	»	»
14 —	Ile de Sein......	Sortie au secours d'un bateau de pêche........	»	»
23 —	Saint-Nicolas.....	Secours au bateau *Saint-Quideau*........	3	1
31 —	Roscoff..........	Sauvetage de la goëlette *Valentine*........	6	1
31 —	Honfleur.........	Sauvetage du bateau de pêche *Le Ferdinand*........	2	1
31 —	Le Conquet.......	Sauvetage du bateau de pêche *Saint-Joseph*........	3	1
31 —	Etel...........	Secours au dundee *Républicain*........	5	1
31 —	Trouville........	Sauvetage des 2 hommes du sloop *Espérance-en-Dieu*..	2	»
31 —	Ile de Batz......	Sortie au secours de la goëlette *Valentine*........	»	»
		A reporter....	132	18

DATES	STATIONS	NATURE DES SERVICES	PERSONNES SAUVÉES	NAVIRES SECOURUS
1902		Report.....	132	18
1er Février	Quiberon............	Sauvetage du cotre pilote Père-de-Famille...........	3	1
1er —	Perros-Guirrec	Sortie au secours du trois-mâts italien Nicolo-Acame.	»	»
1er —	Camaret...........	Secours à la chaloupe Le Labrador............	»	1
2 —	Ile Molène.........	Sortie en vue de porter assistance à trois bateaux de pêche.........	»	»
7 —	Port-Vendres.....	Sortie au secours d'un vapeur.	/	
8 —	Etel.............	Sortie au secours de la chaloupe Jeanne-d'Arc...	»	»
18 —	Audierne.........	Assistance aux barques de pêche...........	»	»
20 —	Palavas..........	Sauvetage du bateau de pêche Sainte-Catherine........	3	1
19,20,22 Fév.	Etel..........	Secours au dundee L'Eclair.	»	1
24 Février	Porz-Even........	Secours au navire Hélène...	»	1
27 —	Cap-Lévi.........	Sortie au secours du bateau de pêche Sauveur-du-Monde............	»	»
		Totaux.....	138	23

PORTE-AMARRES

DATES	STATIONS	NATURE DES SERVICES	PERSONNES SAUVÉES	NAVIRES SECOURUS
1901				
1er Mars....	Audierne..........	Assistance aux barques de pêche................	»	»
21 —	Porto.............	Manœuvre en vue de secourir le bateau de pêche Saint-Pierre.........	»	»
20 Avril....	Douélan..........	Secours à la chaloupe Saint-Joseph...........	3	1
3 Mai.....	Wissant.......... Gris-Nez..........	Manœuvre en vue de secourir le vapeur Gordier......	»	»
23 Juin.....	Trépied..........	Manœuvre en vue de secourir le canot Finette.....	»	»
10 —	Audresselles......	Sortie au secours du vapeur Nattira.............	»	»
16 —	Roccapina........	Manœuvre en vue de secourir le vapeur Lucya........	»	»
		A reporter.....	3	1

14

DATES	STATIONS	NATURE DES SERVICES	PERSONNES SAUVÉES	NAVIRES SECOURUS
1901		*Report*	3	1
7 Octobre..	St-Louis-du-Rhône..	Secours à l'équipage du vapeur *Louis-C*	11	»
18 —	Penmarc'h	Sortie au secours du brick-goélette *René*	»	»
7 Nov	Audresselles......	Sortie au secours du sloop *Specimen*	»	»
20 —	Cherchell.........	Sauvetage de l'équipage du bateau de pêche *Saint-Raymond*	4	»
17 Déc . ..	St-Louis-du-Rhône..	Secours à l'équipage du vapeur *Kléber*	»	»
20 —	Wimereux........	Manœuvre en vue de secourir le bateau de pêche *Sacré-Cœur-de-Jésus*	»	»
1902				
14 Janvier..	Audresselles......	Sortie au secours du vapeur *Eos*	»	»
18 —	Wimereux........	Manœuvre en vue de secourir l'équipage du lougre *Sainte-Famille*	»	»
1er Février..	Camaret	Manœuvre en vue de secourir l'équipage de la chaloupe *Labrador*.........	»	»
1er —	Cherbourg........	Manœuvre en vue de secourir les équipages des navires *Félix-Faure*, *Arvor* et *Auguste-Charles*..........	»	».
18 —	Audierne.........	Assistance aux barques de pêche	»	1
		TOTAL.......	18	2

ENGINS DIVERS

Lignes Brunel, gaffes Legrand, etc., etc .... | 285 | »

RÉCAPITULATION

	Personnes.	Navires.
Canots de sauvetage.............	138	23
Porte-amarres.............	18	2
Engins divers	285	»
TOTAUX.......	441	25

EXTRAIT DES STATUTS

La Société peut décerner le titre de Bienfaiteur à toute personne qui lui fait un don important ou lui rend un grand service.

Sont Fondateurs, ceux qui apportent à la Société une somme de cent francs au moins, ou qui versent annuellement une cotisation de vingt francs au moins.

Sont Donateurs, les personnes qui font à la Société un versement une fois opéré d'une somme inférieure à cent francs.

Sont Souscripteurs annuels, les personnes dont les versements annuels sont inférieurs à vingt francs.

SERVICES RENDUS JUSQU'AU 1er MARS 1902

Nombre de personnes sauvées avec les *engins de la Société* 10.965

Nombre de navires sauvés avec les *engins de la Société* 397

Nombre de navires secourus avec les *engins de la Société* 732

Nombre de personnes sauvées par des actes de dévouement pour lesquels la *Société centrale* a décerné des récompenses 1,919

TOTAL DES NAVIRES SAUVÉS OU SECOURUS ... 1.129

TOTAL DES PERSONNES SAUVÉES 12.884

PRIX DU MATÉRIEL QU'EMPLOIE LA SOCIÉTÉ

Station de canot.

Canot avec son gréement [1] .... 12.500 »
Chariot .... 2.500 » } 30.000 »
Maison-abri .... 15.000 »
Entretien annuel .... 1.200 »

Poste de porte-amarres de 1re classe.

Canon, chariot, projectiles, va-et-vient .... 3.000 » } 4.500 »
Maison-abri .... 1.500 »
Entretien annuel 100

Poste de porte-amarres de 2e classe.

Fusil, flèches et lignes de lancement .... 180 »

Fondée et reconnue d'utilité publique en 1865, la Société centrale de Sauvetage des Naufragés a établi jusqu'à ce jour 95 stations de canots de sauvetage et plus de 500 postes de porte-amarres et de secours; elle fait un pressant appel à toutes les personnes charitables qui s'intéressent à la vie des marins et leur demande leur généreux concours.

1. Les canots portent le nom choisi par la personne qui en a fait don.

CHAPITRE XII

Arrivons à la partie des soins à donner par les sauveteurs. Le but est de montrer l'utilité de la Société de
Sauvetage, l'œuvre élevée de dévouement social et de solidarité humaine qu'elle se propose d'accomplir, les services
de chaque jour, de chaque instant, qu'elle est appelée à
rendre.

Si, au premier abord, il semble qu'il suffise d'écouter
son courage pour sauver son semblable en danger, à la
réflexion on s'aperçoit vite que la bonne volonté et le
cœur, en maintes circonstances, peuvent être insuffisants,
et qu'il faut de plus posséder certaines notions indispensables : l'art, par exemple, de procéder à un premier pansement, la façon de transporter un blessé, les premiers
soins à donner à un malade, à un asphyxié, à un noyé, la
science en un mot des premiers secours, sans laquelle on
ne peut être un véritable sauveteur. Si on ne sait secourir
les blessés, faire des pansements en attendant l'arrivée du
docteur, on n'est pas un véritable sauveteur, qui doit
connaître les moyens nécessaires, non seulement d'exercer
la bienfaisance qui est dans son cœur, mais d'exercer aussi
son intelligence et sa raison au soulagement des maux de
ses semblables.

Composition de la boîte de secours la plus élémentaire.

Comme liquides :

1 flacon d'ammoniaque, mettre quelques gouttes dans un demi-
verre d'eau pour ivresse ;
Ether sulfurique (syncope, faiblesse, étourdissements) ;

Teinture d'arnica, coupée avec un peu d'eau, appliquée en compresse pour foulures, coups, contusions ;

Alcool camphré, pour frictions ;

Acide picrique, coupé avec un peu d'eau, employé en compresse pour brûlures ;

Alcoolat de mélisse, quelques gouttes sur un morceau de sucre ou dans un peu d'eau pour syncope, faiblesse ;

Acide phénique 2 degrés, pour un litre, lavage des plaies, employé comme compresse ;

Gaze iodoformée pour les pansements d'une plaie ; arrosée d'eau, elle enlève l'inflammation et cicatrise les plaies.

Objets divers :

Amadou ;

Ouate hydrophile servant à laver les plaies ;

Linge, bandes de toile pour pansements ;

Plumes d'oie pour provoquer les vomissements ;

Gants de crin pour friction ;

Brosse pour frictions ;

Eponge, gobelet, spatule, épingles, ficelle pour ligature ;

Petite cuvette pour lavage des blessures ;

Couverture de laine pour envelopper le malade ;

Sinapismes, cuiller, ciseau.

Certains postes de secours sont munis d'un brancard portatif pour le transport des blessés.

Sauvetage maritime. — Canot de sauvetage.

Le canot de sauvetage le plus fréquemment usité est le canot construit par M. Auguste Normand, du Havre. Il est monté par douze hommes, dix qui arment les avirons, le patron qui est à la barre et le sous-patron qui se tient à l'avant.

Il date de 1852 et a été adopté à la suite d'un concours international ouvert par le duc de Northumberland. Il a été employé et vulgarisé par la Société centrale de Sauvetage des Naufragés, dont l'œuvre bienfaisante est universellement connue et appréciée.

Reconnaissons avec la plus entière bonne foi qu'il a rendu de grands services et sauvé d'innombrables existences humaines.

Cependant, l'impartialité fait un devoir de constater qu'il a chaviré en plusieurs circonstances et que les qualités distinctives, indispensables au bateau de sauvetage : la stabilité, l'insubmersibilité, l'évacuation de l'eau embarquée, le redressement spontané en cas de chavirement, lui font défaut ou du moins existent à un degré relatif, n'ayant aucune arête de fond.

Le dernier Congrès international de la Rochelle, de 1899, présidé par M. Boucher-Cadart, président de la Fédération des Sociétés de Sauvetage, a signalé à notre attention un modeste fonctionnaire de l'arsenal de Rochefort, M. Albert Henry, inventeur d'un bateau de sauvetage qui porte son nom.

Ce bateau est une réelle découverte. Dans cette affirmation nous sommes d'accord avec la presse anglaise qui a su justement apprécier les expériences qui ont été faites à la Palice.

Le bateau Henry a été récompensé d'un diplôme d'honneur, et son inventeur, le même jour, recevait de M. l'amiral Duperré, président des Sauveteurs bretons, la médaille des Sauveteurs.

Les deux points faibles du canot de sauvetage en service, le meilleur connu jusqu'à ce jour, sont la durée de l'évacuation de l'eau embarquée dans la chambre par une lame théoriquement 25", en fait près d'une minute, et l'insuffisance de stabilité qui n'est donnée que par une fausse quille en fer de 300 kilos environ.

Il lui arrive, dans ces conditions, tout à la fois de perdre sa stabilité quand, rempli par une lame, il est pris en travers par une deuxième avant l'évacuation de la première et d'être roulé la quille en l'air. Si le bateau ne court aucun risque pendant son redressement, qui dure souvent plus d'une minute, il n'en est pas de même des hommes qui sont jetés à la mer ou qui se cramponnent au bateau et font le tour avec lui, tour d'une bien longue durée, ou bien le reprennent en nageant à côté pendant son évolution, ou ne le reprennent pas... Aussi, combien de pertes de sauveteurs !

Ce sont ces deux points faibles que M. Henry a cherché à améliorer en y travaillant courageusement par l'étude et la pratique.

L'évacuation du bateau de sauvetage en service se fait par six tuyaux de 14 centimètres de diamètre, traversant le plancher du bateau au fond de la coque et placés vers le milieu de la chambre.

Leur surface totale d'évacuation est de 9 décimètres carrés ; ces tuyaux offrent à la marche une résistance sensible.

M. Henry les a remplacés par un seul orifice en long, sur toute la longueur de la chambre (6 mètres) et de 6 centimètres de largeur, qui donne par conséquent une surface d'évacuation de 36 décimètres carrés, quadruple de la précédente. Ce puits sur toute la longueur ne laisse pas d'ailleurs séjourner l'eau une seconde, en quelque endroit que soit tombée une lame, et ne présente à la marche qu'une résistance insignifiante, d'une surface de retenue dix fois moins grande que celle du bateau de sauvetage en service.

De plus, au lieu de la fausse quille en fer, fixée à la quille à 5 centimètres seulement au-dessous de la flottaison, M. Henry a fait servir le puits d'évacuation au passage d'un bulb mobile (tôle et fuseau de plomb à la base), Et ce même poids de fausse quille (300 kilos), il l'a mis en ce fuseau de plomb au bas de cette tôle de dérive, laquelle, abaissée, donne à ce poids un bras de levier d'un mètre et offre aussi contre le chavirement la résistance considérable de la surface de la tôle (2 mètres carrés et demi) à 1m,50 de profondeur. Ce bulb se remonte et se descend par un homme seul au moyen d'un petit palan tourné sur un guindeau, le tout presque invisible et sans encombrement ni gêne dans la chambre.

Le bateau Henry cale, comme son aîné, 50 centimètres, bulb relevé, et 1m,50 bulb abaissé ; il lui est supérieur en ce sens qu'il a : 1o une puissance de redressement ou une résistance au chavirement telles que le bateau est absolument inchavirable à la mer ; 2° une évacuation instantanée qui, à elle seule, assurerait l'inchavirabilité.

M. Henry a aussi, dans son invention, résolu une nouvelle difficulté. Il a adapté la voile au canot de sauvetage qui, jusqu'ici, n'avait pu être employée par un gros temps avec l'ancien canot de service manquant de stabilité, de plan de dérive et ne pouvant la porter qu'au vent d'arrière.

L'avis des marins des côtes et des pilotes est en faveur de la voile pour le sauvetage. Ils assurent formellement que la manœuvre à la voile sera pour eux toujours plus sûre autant que plus rapide, dans toutes les circonstances, près d'une épave comme sur une barre ; l'homme gouvernant habilement une embarcation à voile exécute mieux les manœuvres nécessaires et immédiates que les dix hommes à l'aviron auxquels commande le patron dans le bateau à rames.

Ne parlons pas de l'entraînement au point de vue de l'ensemble et de la résistance qui leur est indispensable, à ces rameurs, dans le roulis des lames et au milieu des sauts désordonnés du bateau. On sait d'ailleurs la difficulté éprouvée partout pour trouver, au moment précis d'une sortie, douze hommes pour monter le bateau à l'aviron. Quant à la rapidité du secours, au petit nombre d'hommes d'équipage nécessaires, à l'absence de fatigue pour les sauveteurs, ces questions sont hors de discussion dans le cas de la navigation à voile.

La voilure adoptée est la voilure à trois voiles, réduite en manœuvre au strict nécessaire, puisque ce sont les drisses mêmes qui servent de haubans et peuvent être larguées instantanément.

Trois hommes seuls peuvent manœuvrer le canot de sauvetage à voile ; il n'y aura jamais que trois personnes d'exposées au lieu de douze ; ils tiendront moins de place et font un poids moindre dans le bateau qui permettra de prendre tous les hommes en péril.

Le canot de sauvetage doit avoir à bord les engins suivants :

1 ceinture de sauvetage pour chaque rameur et le patron ;
2 bouées de sauvetage.

Ceintures de sauvetage.

Nous ne parlerons que pour mémoire des ceintures à
air comprimé qui nous paraissent peu pratiques, — comme
d'ailleurs tous les appareils analogues tels que gilets, etc.,
ils présentent tous les inconvénients de la bicyclette.

La ceinture de sauvetage de liège est de beaucoup pré-
férable ; elle a été usitée jusqu'à ce jour, mais quels que
soient les services qu'elle a pu rendre, elle présente à son
tour de réels inconvénients ; elle est lourde et encombrante.

On a cherché à y remédier en construisant une ceinture
plus souple, moins lourde, évitant la fatigue au rameur et
possédant néanmoins toutes les qualités de flottabilité
exigées.

Sauvetage fluvial, engins divers.

Le sauvetage fluvial s'effectue de quatre façons :
1º Par l'usage des engins de fond ;
2º Par l'usage des engins flotteurs ;
3º Au moyen d'une embarcation ;
4º Par la natation.
Les deux premiers modes de sauvetage (engins de fond
et flotteurs peuvent être employés, comme on pourra s'en
rendre compte, même par des personnes qui ne savent pas
nager.

Engins de fond.

Les engins de fond se font au nombre de deux :
La gaffe ;
Les lignes de sauvetage (ligne Brunel).
Ces deux engins sont d'une grande utilité dans le sauve-
tage par embarcation ou bachotage.

Ils permettent aussi de procéder à un sauvetage sans
quitter la rive.

Puis le grappin par M. Pamboulie.

La gaffe.

La gaffe est une perche d'environ 5 à 6 mètres de long, à l'extrémité de laquelle sont fixés une pique en fer et un crochet.

Elle a sur la perche cet avantage qu'elle permet de fouiller le fond de la rivière et d'accrocher le corps de la victime, au cas où celle-ci aurait disparu.

Lignes de sauvetage (ligne Brunel).

Il existe plusieurs sortes de lignes de sauvetage.

La ligne Brunel nous paraît posséder les plus grandes qualités pratiques; elle est la plus employée.

La ligne Brunel est une gaffe de poche, si l'on peut s'exprimer ainsi.

Elle se compose d'un tube de plomb au bout duquel sont fixées quatre griffes formant crochet, autrement dit grappin.

Ce tube est attaché au bout d'une corde mesurant environ 15 mètres de longueur.

La corde est roulée autour d'une bobine de bois que l'on dévide à volonté selon les besoins de la cause.

Les douaniers, sur les bords de la mer, des étangs et des rivières, portent constamment cet appareil attaché à leur ceinture.

Avantages. — La ligne Brunel présente sur la gaffe cet avantage qu'elle est bien plus facile à manier.

Il n'est pas nécessaire d'être exercé pour pouvoir s'en servir; elle est donc plus pratique, par son propre poids elle descend au fond de l'eau. L'effort est moindre pour le sauveteur.

Inconvénients. — Mais la ligne Brunel ne peut être employée utilement que le jour, parce que la nuit, le porteur de la ligne Brunel ne voyant pas l'endroit où l'individu a disparu, ne pouvant se rendre compte s'il flotte encore, lancera l'appareil sans précision aucune, à l'aveuglette.

Engins porte-amarres.

Quand un navire est à la côte à moins de 500 mètres, en détresse ou échoué près du rivage, on peut venir à son secours à l'aide des engins porte-amarres :

Le fusil, le canon, le cerf-volant, la fusée.

Les deux premiers, le fusil et le canon porte-amarres sont les plus usités en France.

Dans tous les cas, et quel que soit l'engin employé, il s'agit toujours de faire parvenir au vaisseau en détresse une ligne de cordelette fixée à une flèche.

La ligne de cordelette suit la trajectoire de la flèche au-dessus des mâts, et s'engage dans les vergues.

La ligne tombée à bord et saisie par les naufragés établit ainsi une communication qui permet le lancement d'un câble plus résistant.

On obtient ainsi un système de va-et-vient qui est manœuvré complètement par les sauveteurs; les naufragés n'ont qu'à se placer successivement dans une sorte de culotte attachée à une bouée circulaire en liège qui fait la navette entre le navire et la plage.

La Société centrale de Sauvetage des naufragés possède 75 postes de porte-amarres placés sur les points déserts du littoral, là où il serait impossible de recruter un équipage, où il n'existe souvent qu'un poste de douane, un phare, un sémaphore à plusieurs kilomètres de tout point habité.

Fusil porte-amarre.

Le fusil porte-amarre a une portée qui ne dépasse pas 60 à 70 mètres.

Les fusils, les flèches porte-amarres furent présentés vers 1835 par MM. Murray et Macquet.

On s'en sert rarement de la côte. Il rend de réels services pour donner des remorques et il peut être très utile sur les jetées pour aider un vaisseau qui se présente mal, contre la violence de la tempête.

Le fusil porte-amarre présente cet avantage qu'il peut se transporter avec facilité.

Canon porte-amarre.

Le canon porte-amarre a une portée de 280 à 300 mètres.

Les canons porte-amarres établis sur les côtes ne rendent pas toujours les services qu'on serait en droit d'attendre d'eux, la lame entraîne souvent le navire et les flèches lancées du rivage ont à vaincre deux difficultés : la résistance de la cordelette et celle du vent qui les font dévier de leur route.

Expériences. — Appareil Pignet.

Le vent soufflant presque toujours du large réduit la portée du projectile.

On a résolu la difficulté en lançant la flèche porte-amarre non plus à contre-vent, mais dans le vent, non plus de la plage mais d'un navire sur le pont duquel le canon a été fixé.

Des expériences ont été faites à bord des remorqueurs, elles ont pleinement réussi.

D'autre part, l'appareil Pignet, qui a pour but de faciliter l'usage du porte-amarre à bord des embarcations, permet à la cordelette de se dérouler sans résistance aucune au moment du tir, et ainsi d'éviter des ruptures fréquentes.

Le procédé de lovage le plus simple consiste à lover la ligne sur le sol.

Il nécessite un espace très considérable, des soins méticuleux ; il faut aussi compter avec la mer qui peut déranger les préparatifs.

On fait encore le lovage dans une manne ou dans des boîtes rectangulaires comme celles employées par la Société centrale de Sauvetage des naufragés.

Mais outre que ce procédé est encombrant à bord, l'arrangement est difficile et court le risque d'être détérioré avant qu'on ait pu lancer l'amarre.

L'appareil Pignet remédie à cet état de choses.

Il se compose d'une boîte dans laquelle les lignes sont

lovées d'avance et d'où elles sont toujours prêtes à se dérouler sans à-coup possible; la ligne et la boîte pèsent ensemble 13 kilogrammes.

Il est formé d'un manchon cylindrique fermé par un fond qui se fixe après l'enroulement, la ligne est disposée dans le manchon par couches successives (le sens de l'enroulement changeant d'une couche à l'autre).

Chaque couche absorbe 8 à 10 mètres de corde, elle est séparée de la suivante par un disque de papier léger disposé pour empêcher les tours de corde du dessus de pénétrer dans le tour des autres; cette précaution est nécessaire puisque la ligne est toujours comprimée par un ressort à boudin qui se fixe sur le couvercle de la boîte en le reliant à un axe central.

Ainsi : 1° la ligne est toujours prête ; 2° la boîte contenant la ligne n'est pas encombrante.

Bouée de sauvetage.

La bouée de sauvetage la plus usitée a la forme d'une couronne.

Elle est faite de plaques de liège recouvertes de toile; elle pèse en moyenne 2 à 3 kilos. Il se fait un nouveau modèle en laine imperméable, ce genre est bien plus léger.

C'est surtout un appareil de jet; neuf fois sur dix, la bouée est lancée aux naufragés soit par les préposés au secours, soit par les passants sur la berge, soit par les hommes de quart sur le pont d'un navire.

Si le naufragé en péril n'est pas trop écarté du sauveteur et si la bouée est jetée tout près de lui, s'il est bon nageur, il pourra s'en servir, peut-être même pourra-t-il passer dedans, ce qui est le mode classique de l'utiliser; mais, hélas ! s'il est faible nageur ou s'il ne sait pas nager du tout, la bouée ne lui sera d'aucun secours, trop heureux encore s'il n'est pas blessé par l'appareil. Quelque invraisemblable que cela puisse paraître, l'expérience démontre ces inconvénients d'une façon indiscutable.

Comme nous avons eu l'occasion de le dire plus haut, la bouée est seulement un appareil de jet, c'est-à-dire que le sauveteur ne peut pas s'en servir lui-même pour se porter au secours de la personne en danger parce qu'il ne peut pas passer dedans, mais comme le plus souvent ces bouées sont munies de cordes flottantes et auxquelles sont attachés les flotteurs, la victime saisit un des flotteurs et cela suffit pour qu'elle soit soutenue.

La bouée est attachée à une corde longue d'environ 20 à 25 mètres.

Comme on fait de la ligne Brunel, on la lance avec force toujours un peu au-dessus de la victime afin de ne pas la blesser. Dès que la victime a saisi une des pendilles de la couronne, on amène l'appareil vers la rive, le navire ou la barque.

Radeau de sauvetage.

Le radeau de sauvetage est employé quand les embarcations d'un navire sont détruites, avariées ou dans l'impossibilité d'être mises à la mer.

Le plus simple des radeaux est composé de deux espars quelconques écartés au moyen d'espars plus petits, solidement attachés de façon à former un rectangle, que l'on recouvre de planches.

La confection de ce radeau demande toujours un certain temps qui fait le plus souvent défaut dans une catastrophe, un abordage à la mer.

Nous avons eu l'occasion de voir un nouveau radeau composé de deux longs tubes en tôle ayant la forme d'un cigare, reliés entre eux par des traverses de plus petites dimensions.

Comme le précédent, ce radeau est de forme rectangulaire, il a sur lui la supériorité d'être toujours prêt à être mis à la mer et utilisé; il n'en est pas moins encombrant et seuls de très grands navires peuvent l'avoir à bord.

Le plus simple est souvent celui fait de quelques pièces

de bois ou de barriques vides dont on a bouché toute issue,
et sur lesquelles on a cloué ou attaché des planches ou autres
épaves à la portée. Quand la simplicité disparaît, les appareils eux-mêmes tant perfectionnés soient-ils, cessent souvent d'être utiles au service qu'ils sont appelés à rendre.

Sauvetage par la natation.

Quand un accident se produit non loin de la rive et que
le sauveteur n'a à sa disposition aucun engin de sauvetage, force est à lui de se jeter à l'eau.

Une personne qui ne sait pas nager, ou pas beaucoup,
ne doit pas s'exposer à une mort certaine, stérile, ridicule,
mais doit faire tout le possible par son appel et mettre les
engins dont il peut disposer à même de secourir celui qui
se noie.

Avant d'agir, le sauveteur se rendra compte et ne mar-
chera pas à l'aveuglette. Avec sang-froid il s'allégera de ce
qui peut alourdir le poids de son corps et paralyser ses
mouvements, son paletot, ses souliers, par exemple.

Il se dirigera avec rapidité vers la personne en danger
et, la saisissant par derrière, sous un bras, la poussera
vers la rive, en ayant soin d'obliquer dans le sens du courant.

Si la victime est à demi asphyxiée, afin d'éviter l'asphyxie totale il lui maintiendra la tête hors de l'eau en
l'appuyant sur son épaule gauche.

Souvent le sauveteur se trouvera dans l'obligation de
plonger.

Nous ne saurions trop alors lui recommander de tenir,
dans l'eau, les yeux grandement ouverts. Sinon il marche
à tâtons et il s'expose à ce que le noyé, dans les dernières
convulsions, l'entraîne avec lui.

On a trop souvent à déplorer des accidents de cette
nature.

Une fois en possession du noyé, le sauveteur, le saisissant par derrière, lui imprimera, afin de le faire remonter à la surface, une poussée verticale de bas en haut.

Cette poussée se produit par de vigoureux coups de jarrets. Puis il gagnera de suite la barque s'il y en a une, ou la rive, où des soins peuvent être donnés.

Sauvetage par embarcation.

Le sauvetage par le moyen du bachot se pratique sur les rivières et cours d'eau d'une vaste étendue et d'une certaine profondeur.

Il est rare que sur le parcours d'un fleuve il n'y ait pas de bachots stationnaires aux endroits où il y a des postes de secours établis. Un bachot doit toujours être de permanence, amarré, prêt à partir au premier appel d'alarme. Ce bachot doit avoir une longueur d'au moins 6 à 7 mètres, sa largeur varie de 1 mètre à 1^m,50. Deux hommes sont toujours d'une grande utilité, l'un pour la manœuvre, l'autre pour le secours. Il doit y avoir à bord de ce bateau une bouée, un croc et un grappin ou ligne de fond.

Au premier appel, le gardien ou les sauveteurs improvisés se dirigent de la façon la plus rapide vers la personne en danger en prenant soin de ne pas la couvrir avec l'embarcation et ils doivent se placer de manière à saisir avec la main la victime ou, si le courant l'entraîne et l'éloigne du bateau, lui jeter la bouée de sauvetage s'il y en a une, ou une corde faute de mieux. Si elle disparaît sous l'eau, c'est alors qu'il faut avoir recours aux engins de fond, croc ou grappin, à moins que le sauveteur ne soit un excellent nageur et puisse plonger, c'est le plus beau du sauvetage. Puis rapidement, regagnant la rive, les soins les plus vifs doivent être donnés en couchant sur le côté droit le noyé pour qu'il puisse rendre l'eau qu'il a pu absorber, puis frictions. (Voir soins à donner à submersion.)

Exercice de va-et-vient.

Ce moyen de sauvetage est surtout employé en cas d'inondation, ou à défaut de bachot sur les bords d'une rivière.

Il sert dans l'armée pour effectuer le transbordement des troupes d'une rive à l'autre d'un fleuve.

Il consiste à consolider à un arbre ou à un pieu fortement enfoncé une corde que l'on fixe de même sur la rive opposée.

A cette corde, au moyen d'un nœud coulant, est adapté un cordeau auquel on attache soit les personnes que l'on veut ramener, soit même une barque quand le courant est par trop rapide.

Cet exercice du va-et-vient rappelle la manœuvre, en cas de sauvetage maritime, effectuée par le canon porte-amarre.

Feu de cheminée.

Un feu de cheminée n'est pas aussi terrible que l'incendie à combattre. Le moyen de procéder à son extinction consiste à fermer la cheminée le mieux possible dans le bas, à supprimer le tirage de la cheminée en bouchant son orifice ou tuyau qui débouche sur la toiture de façon à comprimer l'air, ce qui étouffe la combustion qui n'est, le plus souvent, qu'une quantité de suie amoncelée qui se carbonise. Il y a des acides sulfureux que l'on peut jeter dedans; mais comme le plus souvent ces produits ne sont pas à la disposition, les dispositions à prendre sont celles qui se trouvent les plus simples.

SAUVETAGE EN CAS D'INCENDIE

Avant l'arrivée des pompiers.

Dans le cas d'un pareil sinistre, la première précaution à prendre c'est de s'assurer s'il y a des personnes impuissantes à se sauver. C'est alors que le rôle du sauveteur intervient, tout en donnant l'alarme par tous les moyens possibles et pratiques.

Cette opération demande beaucoup de sang-froid et de prudence; autant que possible se mettre à deux.

Il est de toute utilité de se munir d'une lumière, d'une

15

lanterne de préférence, qui permettra de voir à travers l'épaisse fumée, et, pour éviter l'asphyxie provoquée par les émanations de toute sorte, le sauveteur devra se baisser, marcher à quatre pattes, ramper même.

Tâcher le mieux possible de se garantir les mains et la figure avec des linges mouillés, il s'appliquera sur la bouche un mouchoir imbibé d'eau et de vinaigre, s'il se peut.

Une fois en possession des personnes sauvées, il agira de même, se traînant au besoin sur le parquet.

Éviter autant que possible l'établissement de courants d'air qui donnent à l'incendie une plus grande intensité.

Enfin, nous ne saurions trop recommander aux personnes dont les vêtements auraient pris feu de ne pas courir.

Il est plus salutaire, dans ces conditions, de se rouler par terre ou dans des couvertures.

Moyens de transport pour sauver des personnes dans un incendie ou dans une autre circonstance.

Les moyens diffèrent suivant les circonstances et l'endroit où le danger se produit.

Si le transport s'effectue par un seul sauveteur, le plus difficile consiste à passer un bras sous les reins, l'autre sous les cuisses de la victime si le sauveteur est assez fort.

On emploie ce moyen quand la victime est totalement asphyxiée, absolument inerte. Dans ces conditions, le sauveteur se trouve paralysé de ses mouvements ; il lui est impossible de franchir un grand espace, mieux vaut la porter sur son dos, on ne paralyse pas ses forces, si la personne à sauver possède encore quelque connaissance.

Elle concourt, pour ainsi dire, à son propre sauvetage ; elle le facilite en passant ses bras autour du cou du sauveteur, alors que celui-ci lui tient, d'une main, les jambes derrière son dos.

De l'autre main restée libre, le sauveteur peut plus facilement se frayer un passage, écarter les obstacles, ouvrir portes et fenêtres, au besoin saisir la rampe d'un escalier.

Transport effectué par deux sauveteurs.

Se placer des deux côtés de la personne dont on veut effectuer le transport et former une civière ou glisser une main sous le tronc, l'autre sous les jarrets, puis se prendre mutuellement les poignets, ou bien une chaise ou un brancard improvisé avec des morceaux de bois quelconques.

Sauvetage des objets.

Après avoir procédé au sauvetage des êtres humains, on songe à l'argent, aux valeurs, aux objets précieux, aux meubles, et si le sinistre se déclare dans une ferme, on effectue le sauvetage du bétail.

Si l'on se trouve dans l'obligation de précipiter des objets par les fenêtres, il faudra auparavant déposer sur le sol des matelas et des couvertures pour en amortir le choc.

Cette précaution devient indispensable si des personnes en sont réduites à cette extrémité.

Nous ne saurions trop recommander de ne pas perdre un temps précieux à vouloir sauver des objets considérés comme perdus, quelle que soit leur valeur, quels que soient le prix qu'on y attache et les souvenirs qu'ils rappellent. Très souvent il arrive que les assurances refusent d'en payer les dégâts, ces objets n'ayant pas été détruits par les causes du sinistre, mais le manque de précaution toujours forcé en cette circonstance.

Il importe plutôt de préserver les objets environnants, en isolant le foyer de l'incendie ; c'est ce qu'on appelle couper le feu, faire la part du feu.

On peut garantir les papiers, vêtements, matériaux de toute sorte, en les recouvrant d'un drap ignifugé si on suppose le sinistre assez éloigné pour ne pas les atteindre.

Nous attirerons l'attention de nos camarades de la

campagne sur les incendies de récoltes qui se propagent, hélas! malheureusement trop souvent, avec la plus grande rapidité, et toujours l'eau manque; il faut dans certaines circonstances prendre de la terre molle et la jeter sur le foyer, surtout quand ce sont des matières grasses qui brûlent.

Sauvetage des animaux.

Pour ce qui est du sauvetage des animaux, il est bon de se rappeler et d'observer qu'on se rend plus facilement maître d'un animal, quel qu'il soit, en lui paralysant le sens de la vue.

La fumée, la flamme, la chaleur, effrayent les animaux, les épouvantent, les rendent rétifs, indociles.

On les maîtrisera en leur bandant les yeux...

Les faire sortir autant que possible à reculons au lieu de les brutaliser.

Une fois les pompiers arrivés sur les lieux du sinistre, le sauveteur donnera toutes les indications utiles.

Il aura fait la première partie de la tâche et non la moindre.

Arrêtons le lecteur un instant à cette nomenclature « Sauvetage des animaux », pour bien se pénétrer que c'est un devoir également sacré pour le sauveteur et pour tout être humain; on doit leur porter secours. On se rend indigne lorsque l'on n'intervient pas par tous moyens de prévoyance contre tout être qui vit; car eux aussi souffrent et ne peuvent réclamer assistance. Ils sont pourtant plus reconnaissants que l'être humain quand on les protège ou les soigne, ces utiles et agréables auxiliaires, ces fidèles et courageux serviteurs. C'est alors qu'il est beau et grand d'étendre notre bien faible et indifférente protection sur eux par cette loi Gramont si belle et si mal appliquée. Beaucoup de lecteurs, je suis certain, ne connaissent pas l'origine de cette loi. Elle remonte au beau temps de la grandeur d'Athènes, bien avant Jésus-Christ; un honorable sénateur ou juge d'Athènes, outré de la

cruauté des hommes envers les animaux; résolut de les
protéger. C'est alors qu'il fit placer à la porte de sa
demeure une cloche avec corde, puis une pancarte qui
enjoignait à tout citoyen qui aurait connaissance ou serait
témoin de brutalités commises envers les animaux d'avoir
à lui en déclarer l'auteur.

Cette ordonnance, malheureusement, ne trouva pas de
zélateurs. Elle s'oublia même avec le temps qui vint, lui
aussi, en cette noble cause, en effacer la trace, en cachant
par des touffes de verdure la cloche et la pancarte enfouies
sous les feuillages; cette malice fut le résultat de son
triomphe.

Or, il advint qu'un jour cette cloche tinta. Tous regar-
dèrent stupéfiés, il n'y avait personne; l'on s'interroge; elle
résonne de nouveau, on accourt et l'on aperçoit un pauvre
cheval tout meurtri et blessé qui, s'élevant sur ses pieds
de derrière, cherchait à brouter les feuillages; il avait sans
doute attrapé la corde de la cloche et de là le tintement
dont on ne s'était pas douté qu'il fût l'auteur. Le bon
juge vit cette victime venant implorer sa protection, il
s'enquit du propriétaire de ce cheval, le fit venir devant
l'assemblée du peuple et apprit que cette pauvre bête était
maltraitée parce qu'elle ne pouvait plus fournir la somme
de travail exigée d'elle; son maître ne voulait plus la nourrir,
elle mourait de faim. Ce méchant homme fut condamné à
faire une pension, la vie durant, à cet animal qui fut placé
sous la surveillance du juge en un endroit de repos. Cette
première cause jugée fit grand bruit à Athènes et, dans la
suite, d'autres faits se suivirent qui eurent un grand retentissement. Ainsi fut l'origine de la loi sur la protection
des animaux, mais, comme toute belle œuvre, les siècles
enfouirent cette charité qui ne devait revoir le jour que
plusieurs siècles après, sous le titre de loi Grammont, pas
assez sévère dans son principe.

Cheval emporté.

Cet accident donne lieu à d'émouvants sauvetages.

Pour maîtriser un cheval emporté, il faut ou une très grande force musculaire ou beaucoup d'adresse. Dans l'un et l'autre cas, le sang-froid est indispensable, il faut bien calculer son élan et bien prendre position pour approcher l'animal, saisir un point d'appui, attraper et comprimer avec violence les naseaux de l'animal.

De la sorte la respiration se trouve paralysée. Il y a un autre moyen, le suivant :

D'une main saisir la bride du cheval, de l'autre un des brancards du véhicule et diriger l'animal vers un obstacle.

Il importe, dans ce cas, de ne pas se précipiter au-devant de la bête qui, d'un coup de tête, se débarrasserait par trop aisément du sauveteur.

Il est plus sûr et plus prudent de la saisir par côté.

Le procédé suivant paraît le meilleur à tous les points de vue.

Il consiste à paralyser le sens de la vue de l'animal.

Donc, si possible, jeter sur ses yeux une couverture ou tout autre objet analogue, un manteau, un vêtement, par exemple; désorienté, il s'arrêtera.

Recommandons aux personnes assises dans un véhicule traîné par un cheval emporté de ne pas se jeter par la portière.

Elles courent de la sorte un danger certain. Si l'animal est maîtrisé par la force ou l'adresse du sauveteur, il s'arrêtera de lui-même; on évitera pour soi-même un danger et l'épouvante que causent de pareils accidents.

Chiens enragés.

Le chien enragé ne suit pas toujours la ligne droite. Il s'écarte volontiers de son chemin pour aller mordre les individus ou les animaux qu'il rencontre.

On conçoit qu'il soit plus difficile de s'opposer à sa course.

On reconnaît un chien enragé à son allure folle, sa queue baissée, un hurlement rauque, son extérieur hagard, et à la crainte particulière qu'il inspire aux autres chiens sur son passage.

Un des meilleurs moyens serait l'emploi du nœud coulant, qui permettrait de l'étouffer s'il était possible de le lui glisser. Ce moyen n'est pas malheureusement à la portée de tout le monde ; il exige une certaine adresse ; c'est pourquoi le mieux est encore de l'abattre à coups de revolver ou à coups de fusil.

Dès qu'une personne a été mordue, même par un chien simplement suspect, on l'envoie immédiatement à l'Institut Pasteur pour y subir des inoculations préventives.

A la campagne ou dans les villes de province n'ayant pas d'Institut Pasteur, il faut recourir à des procédés énergiques tels que la cautérisation, soit par le feu, soit par les caustiques connus : nitrate d'argent, sulfate de cuivre, sublimé corrosif, etc.

Nous recommandons de ne pas cautériser sans avoir au préalable fait abondamment saigner la plaie. Au besoin même nous conseillerons de l'élargir pour permettre au sang vicié de s'écouler au dehors.

Le médecin appelé jugera ensuite s'il y a nécessité d'instituer un autre traitement.

La cautérisation par le feu s'obtient en faisant rougir une baguette de fer quelconque, voire même un clou, que l'on introduit profondément dans la plaie. On procède ensuite au pansement ordinaire.

Dans la cautérisation par les caustiques, le fer rouge est remplacé par le caustique employé.

Moyens de faire un pansement.

Les pansements peuvent s'appliquer soit sur des contusions, des fractures, des entorses, etc. (pansement sec), ou bien encore sur des plaies (pansement humide).

De toute façon, la première condition pour faire un pansement est la propreté absolue, aussi bien des mains de l'opérateur que de la partie blessée ou contusionnée, à plus forte raison des objets qui serviront à l'opération, c'est-à-dire linge, bandes, etc.

Donc, se laver les mains au savon avec de l'eau chaude

autant que possible, en ayant soin de se brosser les ongles, puis laver la plaie et les parties avoisinantes avec une solution antiseptique.

Le secouriste enveloppera, son lavage fait, la plaie avec une compresse de gaze antiseptique, ensuite il appliquera par-dessus une couche plus ou moins épaisse de ouate hydrophile et recouvrira le tout soit de taffetas gommé, si le pansement doit être humide, ou, au contraire, il se contentera de bandes de toile ou de tarlatane pour envelopper l'appareil.

Dans le cas où il y aurait une fracture, on procède comme plus haut, en ayant soin d'appliquer sur la couche de ouate, une, deux ou trois attelles, de façon à obtenir l'immobilisation complète du membre fracturé.

On recouvrira ces attelles avec des bandes enroulées, en ayant soin également, pour que les bandes ne glissent pas, d'intercaler un peu de ouate.

Si la fracture est compliquée d'une plaie, le secouriste aura soin de disposer ses attelles de telle façon que le médecin puisse dans tous les cas apercevoir la plaie sans avoir à déranger l'appareil.

Accidents.

Maintenant, dans un résumé très succinct, il faut passer en revue les différents cas qui peuvent se présenter dans la vie journalière, et exposer les moyens d'agir pour le plus grand bien de la victime de l'accident.

Surtout au point de vue de la simplicité des moyens d'intervention pour le secouriste, nous nous proposons de suivre un ordre progressif, sans qu'il y ait là d'ailleurs le moindre essai de classification :

Syncope, congestion, convulsions, inanition, corps étrangers, contusions, entorses, luxations, fractures, brûlures, piqûres, plaies, hémorragies, morsures venimeuses, asphyxie par submersion, pendaison et intoxication, empoisonnements.

Terminons ce trop rapide exposé par quelques conseils sur le transport des malades et une étude sur la désinfection.

Syncopes.

La syncope est caractérisée par la pâleur, la cessation du pouls, la chute à terre, quelquefois même l'état de mort apparente.

Laissez le malade étendu par terre ; s'il devient un sujet d'encombrement, transportez-le à l'écart en le maintenant autant que possible dans la position horizontale, la tête légèrement relevée par un coussin, un livre, un morceau de bois.

Dégrafez ensuite les vêtements, principalement au cou et à la poitrine ; s'il s'agit d'une femme, coupez les lacets du corset ; faites respirer quelques sels, passez une compresse d'eau fraîche additionnée d'un peu de vinaigre. Dans la plupart des cas, vous verrez se produire très rapidement le retour à la connaissance. S'il se fait attendre, s'il y a lésion grave, soit hémorragie interne, maladie de cœur ou encore inanition, faites respirer quelques sels et envoyez chercher le médecin, seul juge en la matière.

Dans la catalepsie ou léthargie, les symptômes sont sensiblement les mêmes, mais dans ce cas le pouls continue à battre.

Reconduire le malade soit à domicile, soit à l'hôpital, prévenir un médecin qui pourra seul intervenir utilement. Encore, quelquefois, la science est-elle impuissante. Nos lecteurs ont certes entendu parler de ces léthargiques qui dorment depuis dix, quinze et même dix-sept ans.

Congestions.

Les symptômes de la congestion consistent surtout en rougeur de la face qui est souvent violacée, mal de tête, vertiges, titubation.

Soutenir le malade, desserrer les vêtements au col, mettre à nu la poitrine, compresses d'eau fraîche au front et sur la poitrine, sinapisme aux jambes qu'on promènera de dix en dix minutes au maximum, enfin, repos au lit. L'insolation se traite de la même manière que la congestion. Une des complications fréquentes de la congestion est la paralysie. On la reconnaîtra facilement à ce que la bouche est contractée, la parole embarrassée; les mouvements des membres supérieurs et inférieurs ne sont plus coordonnés, quelquefois même ils sont abolis.

Le secouriste appliquera les mêmes soins que pour la congestion, en surveillant l'action des sinapismes ou de tout autre révulsif : porter le malade sur un lit et prévenir le médecin.

Convulsions.

Tenant à la fois de la syncope et de la congestion, les convulsions en diffèrent par l'incohérence et la fréquence des mouvements. Ne pas essayer de lutter, chercher simplement à en prévenir le danger en plaçant soit des oreillers, soit des matelas sous la tête principalement du malade. On évitera qu'il ne se coupe la langue en lui glissant si faire se peut, entre les dents, soit un mouchoir, un bouchon ou un morceau de bois asssez épais.

Veiller aussi sur le malade à la fin de la crise parce que l'épileptique a souvent le réveil dangereux.

Les simulateurs sont difficiles à démasquer.

Nous engageons les secouristes à les faire arrêter sans pitié, car c'est un crime que de vouloir ainsi exploiter la charité publique au profit de ceux qui ont véritablement besoin, les pauvres honteux.

Inanition.

Parmi les accidents analogues à la syncope, il est bon de citer ceux dus à l'inanition. Le traitement en est exactement le même, mais il faut être d'une prudence extrême pour l'alimentation. Quelques cuillerées de potage ou de lait, un peu de café étendu d'eau et de cognac. Éviter le fameux vulnéraire qui n'est autre chose qu'une boisson spiritueuse, et dont l'usage, si répandu dans toute espèce d'accident, est plus souvent nuisible qu'utile.

Corps étrangers.

On a vu, surtout chez les enfants, des corps étrangers enfoncés assez profondément dans les orifices naturels, le nez, les oreilles, la gorge, etc.

Recommandons au secouriste une très grande prudence dans les interventions, car, la pratique et les instruments faisant défaut, le remède serait pire que le mal et les objets ne feraient que s'enfoncer davantage.

Tout au plus devra-t-on essuyer l'extirpation du corps étranger lorsqu'il sera à la portée de la main ou d'une pince. Ne pas insister lorsqu'une première tentative, même dans d'excellentes conditions, n'a pas donné de résultat satisfaisant.

Très souvent il se présente que des personnes ont la vue atteinte par un corps étranger qui pénètre entre la paupière et le cristallin ; ouvrir avec deux doigts la paupière, passer sur le cristallin de l'œil une petite lame de papier fin ou le dos d'une bague, vous arriverez facilement à enlever le corps étranger qui s'est introduit ; lavage de l'œil si possible.

On lavera soigneusement les cavités intéressées et on attendra l'arrivée du médecin qu'on aura eu soin de prévenir de la nature de l'accident et des circonstances qui l'ont accompagné.

Contusions.

Le traitement des contusions simples, c'est-à-dire lorsque la peau n'est pas entamée, consiste dans l'application de compresses d'eau froide salée ou alcoolisée, ou encore d'eau blanche. Recouvrir d'une couche de ouate et serrer avec des bandes de toile en commençant toujours par la partie inférieure.

Entorses.

Pour les entorses et foulures, le traitement est le même que pour les contusions. On peut y adjoindre le massage, à condition de ne pas le pratiquer trop longuement ni trop violemment (dix minutes au maximum). On fera une compression un peu plus forte et on laissera le malade au repos.

Luxations.

La luxation diffère de l'entorse en ce que les os faisant partie d'une articulation sont, comme l'on dit vulgairement, déboîtés. Il est facile de la reconnaître à la douleur vive qu'elle provoque et à l'impossibilité d'accomplir les mouvements ordinaires du membre atteint. En raison de la douleur vive que produisent les mouvements, il est nécessaire d'obtenir l'immobilisation.

Si la luxation siège au membre inférieur, il faudra transporter le malade couché ou assis. Surtout ne pas essayer de le faire tenir debout et se garder de toute intervention, ni massage, ni frictions, ni rebouteur. Le meilleur des rebouteurs est encore le médecin. Si la luxation se présente au bras, maintenir au repos le bras luxé en le soutenant par une serviette ou un mouchoir formant écharpe.

Fractures.

Avec les fractures, l'intervention du secouriste devient de beaucoup plus délicate quant à l'application des appareils de pansement.

Le diagnostic de la fracture est généralement facile, le membre est endolori, gonflé, déformé, raccourci, de plus il est mobile en un point ordinairement rigide, c'est ainsi que la chute du pied en dehors est un signe certain de fracture.

D'autres signes sont basés sur la production de mouvements dans le membre blessé, mais nous n'y insistons que pour les blâmer énergiquement. Ces recherches sont excessivement douloureuses, ne doivent être tentées que par des mains absolument expérimentées et responsables; c'est pourquoi le secouriste devra s'en abstenir d'une façon formelle.

Quel que soit le siège de la fracture, il se préoccupera tout d'abord d'assurer l'immobilité au moyen d'un appareil provisoire composé d'attelles en bois ou en carton fixées par une ou plusieurs bandes, comme nous l'avons indiqué plus haut (Voir boîtes de secours, pansements.)

Au cas où la boîte de secours ferait défaut, il serait facile de recourir à des attelles improvisées, planchettes, manches de cannes ou de parapluies; on remplacera les bandes par des mouchoirs de poche ou des cravates.

Comme pour la luxation, s'il s'agit du membre supérieur, une fois l'appareil posé, mettre le bras en écharpe. S'agit-il au contraire du membre inférieur, on placera le malade dans la position horizontale, autant que possible sur un brancard improvisé soit avec un volet, une rallonge ou une porte, les montants seraient fournis par des bâtons de même hauteur cloués sur la planche ou le volet.

Brûlures.

Les brûlures peuvent être occasionnées soit par les acides, soit par le feu. La conduite à tenir variera suivant l'une ou l'autre de ces causes.

Dans les brûlures par les acides: acide azotique, vitriol, il importe avant tout de laver le siège de la brûlure à grande eau. Une petite quantité d'eau ne ferait qu'étendre le mal. On pourra ensuite calmer la sensation de douleur par une onction légère d'huile ou d'un corps gras tel que cérat ou vaseline boriquée.

Pour les brûlures par le feu, on éteindra les vêtements en flamme par l'enveloppement au moyen d'un manteau, d'une couverture ou de serviettes mouillées. Enlever ensuite avec précaution les vêtements qui recouvrent la partie brûlée en ayant soin de ne pas arracher la peau.

Cela fait, on arrosera avec de l'eau froide, on passera

sur les cloques des tampons de ouate hydrophile imbibés d'une solution d'acide picrique. Les cloques ou boursou-flures diminueront très rapidement.

Enfin pour calmer la douleur on pourra se servir avec succès de badigeonnages d'huile d'olive ou même d'un pinceau de charpie ou d'un tampon de ouate imbibé d'une solution de cocaïne.

On procédera ensuite au pansement de façon à mettre les points atteints à l'abri de l'air.

Piqûres.

Il arrive fréquemment que telle piqûre à laquelle on n'a prêté aucune attention s'envenime rapidement et qu'en l'espace de quarante-huit heures elle provoque des désordres tellement graves que l'intervention d'un médecin devient non seulement nécessaire mais urgente, et les cas ne sont pas rares où de méchantes écorchures ont été la cause de la perte d'un bras ou d'une jambe.

Recommandons une intervention rapide et énergique qui consistera surtout en lavages antiseptiques après avoir favorisé l'écoulement du sang par le jeu des muscles situés aux environs de la piqûre, principalement s'il s'agit des doigts ou de la main, afin d'éviter la production d'abcès ou de panaris.

Plaies.

Ici plus que dans tout autre cas, une propreté méticu-leuse est de rigueur. N'intervenez jamais sans avoir eu le soin de vous laver les mains au savon et à l'eau chaude si possible.

N'abordez la plaie qu'avec des instruments ou des linges préalablement passés à une solution antiseptique,

Dans le chapitre relatif à l'étude de la boîte de secours, le secouriste trouvera la façon de procéder à un pansement humide ou sec.

Hémorragies par une plaie.

Après le nettoyage rapide de la plaie, appliquez un pansement d'une certaine épaisseur que vous serrerez ensuite assez fortement, au moyen d'une ou de plusieurs bandes. Si vous vous servez de bandes de tartalane, employez-les mouillées, en se desséchant elles se resserreront, et le pansement n'en sera que plus solidement maintenu.

Si le sang s'écoule par saccades ou par jet, il y a lésion d'une artère, il est d'extrême urgence d'appeler le médecin.

Toutefois, avant son arrivée, il faut comprimer fortement sur et au-dessus de la plaie.

Si l'hémorragie persiste on emploiera le garrot, appareil formé d'une lanière que l'on tord sur elle-même au moyen d'un bâtonnet.

Enfin, s'il s'agit d'une artère fémorale, pour peu que l'hémorragie persiste, employez la bande d'Esmerck, mais ne vous y décidez qu'en désespoir de cause, car ce moyen pourrait vite devenir dangereux si le médecin tardait à arriver.

Hémorragies naturelles.

Sous ce nom général, nous étudierons les cas spéciaux tels que : épistaxis, crachements de sang, hémorragies utérines, rupture de varice.

Epistaxis ou saignement de nez.

Asseoir le malade la tête légèrement inclinée en avant, on lui fera comprimer la narine du côté d'où vient le sang et porter sur la tête le bras du même côté.

Si le sang vient des deux côtés à la fois, faire mettre au malade les deux mains sur le sommet de la tête, et introduire dans ses narines un tampon d'ouate hydrophile qu'on poussera le plus loin possible.

On emploiera concurremment les affusions froides, bains de pieds chauds ou sinapisés, etc.

Crachements de sang.

La plupart du temps occasionnés par la tuberculose ou par une maladie de cœur, et chez la femme par la suppression brusque des règles.

Quelle qu'en soit la cause, le traitement en est le même. Il faut tenir le malade à demi-couché et lui faire avaler quelques gorgées d'eau très fraîche.

On promènera des sinapismes sur les jambes ; aérer la chambre.

Dans les hémorragies utérines, le tamponnement est le traitement de choix ; on y arrivera en préparant quelques tampons d'ouate hydrophile bien propre, entourés d'un fil assez long, de façon à en faciliter la sortie. On introduira ces tampons ainsi préparés les uns après les autres, jusqu'à ce que l'hémorragie soit, sinon arrêtée, tout au moins diminuée.

Rupture d'une varice.

Souvent difficile à arrêter par la compression du doigt, elle est généralement bien combattue en faisant une compression assez étendue au moyen d'un tampon de linge ou d'ouate. Le médecin interviendra ensuite.

Morsures venimeuses.

En parlant des accidents de la rue, nous avons traité des morsures par chiens suspects de la rage, nous n'y reviendrons donc pas.

Parlons ici des morsures venimeuses. Les venins agissant beaucoup plus promptement que le virus, il importe d'agir immédiatement.

1° Liez le membre au-dessus de la plaie, de façon à empêcher le venin de pénétrer dans la circulation ;

2° Faites saigner la plaie, soit en l'élargissant, soit en la comprimant, soit en pratiquant l'aspiration directe ou indirecte.

L'aspiration directe par succion est un procédé fréquemment employé dans les pays chauds. Il peut présenter de graves inconvénients, surtout s'il existe une plaie quelconque ou même une simple écorchure sur la muqueuse des lèvres.

L'aspiration indirecte se fera au moyen d'un tube quelconque, pipe, embout pour cigare ou cigarette, roseau. Le meilleur engin serait un tire-lait.

Enfin, par surcroît de précaution, cautériser la plaie directement avec un fer rouge; à défaut, une allumette embrasée suffirait.

ASPHYXIES.

Submersion.

Coucher rapidement le noyé sur le côté droit, desserrer les dents, faire écouler l'eau contenue dans la bouche, enlever en même temps l'écume et les saletés qui peuvent s'y trouver.

Coucher ensuite le malade sur le dos en appliquant sous les épaules un coussin ou un morceau de bois, un vêtement roulé ou tout autre objet à portée de la main. Cette manœuvre a pour but de laisser la tête légèrement en arrière.

Si la personne respire encore, dénouez la cravate, déboutonnez les vêtements, coupez-les même pour aller plus vite; frictions énergiques avec linges secs, chauds s'il est possible, boules d'eau chaude, briques, sinapismes au besoin, si vous remarquez de la congestion.

Ne faire absorber ni cordial ni vulnéraire, ni même eau sucrée avant d'avoir bien constaté que le malade est en état d'avaler, sinon vous risqueriez de le faire asphyxier à nouveau.

Si le noyé ne respire plus, on pratiquera la respiration artificielle en y adjoignant les tractions rythmées de la langue.

Respiration artificielle.

On prend chacun des bras au niveau du coude, on les élève ensemble, en les ramenant le long du corps. Ce mouvement alternatif d'abaissement et de relèvement simultané des deux bras a pour but de comprimer et de dilater alternativement la poitrine, comme cela se produit dans la respiration naturelle. Il devra être répété de quinze à vingt fois par minute, chiffre normal de la respiration ordinaire.

Quant aux tractions rythmées de la langue dont le procédé est dû au docteur Laborde, de l'Académie de médecine, elles constituent un adjuvant merveilleux à la respiration artificielle et ont permis de doubler au moins le nombre des sauvetages accomplis.

On les pratique en saisissant la langue du noyé soit avec la pince de la boîte de secours, soit le plus souvent à pleine main, au moyen d'un mouchoir, et en la tirant fortement au dehors, de quinze à vingt fois par minute. Il faut avoir soin de se conformer aux mouvements de la respiration artificielle, de façon à faciliter l'entrée et la sortie de l'air dans les poumons.

Une troisième personne est nécessaire pour activer la circulation par des frictions sur le corps, pour réchauffer les jambes et le tronc.

Pendaison.

Couper la corde sans attendre ni l'arrivée des gendarmes ni la présence du commissaire, soutenir le corps dans sa chute, desserrer le cou et les vêtements, eau froide sur le visage, respiration artificielle et soins généraux comme dans la submersion.

Intoxication.

1° Le gaz d'éclairage ; 2° les émanations des fosses d'aisances ou des égouts.

S'il s'agit du gaz d'éclairage, enlever l'asphyxié de l'endroit où l'accident s'est produit, sinon aérez largement au moyen de courants d'air, respiration artificielle et frictions comme plus haut.

Le traitement en cas d'accident par les fosses d'aisances sera le même que précédemment, mais on fera ensuite respirer soit du chlore, soit du vinaigre.

Nous n'aurions garde de terminer ce chapitre sans rappeler aux sauveteurs secouristes ces observations indispensables ;

1° Ne jamais entrer dans une pièce où l'on soupçonne un accident par le gaz, avec une bougie allumée ou une lumière quelconque ;

2° Ne jamais descendre dans un puisard sans vérifier si l'air est respirable au moyen de bougies ou de lumières. Si ces lumières s'éteignent, c'est que l'air est irrespirable ; il ne faudra donc descendre qu'avec la certitude d'être remonté immédiatement au moyen d'une corde attachée sous les bras et à la ceinture.

Ne pas faire respirer d'éther aux asphyxiés mais des sels, du vinaigre ou de l'oxygène si l'on en a à sa portée.

Empoisonnements.

Quelle que soit la cause de l'empoisonnement, il n'y a aucun risque à faire vomir le malade. Le moyen le plus prompt consiste à introduire ses doigts au fond de la gorge, ou encore les barbes d'une plume, si possible administrer de l'ipéca, environ 1^{gr},50 en trois fois, à 5 minutes d'intervalle, dans un peu d'eau.

Après vomissement, faire boire du lait ou de l'eau contenant des blancs d'œufs battus.

Toujours après vomissement, et si l'on a affaire à des acides comme le vitriol, l'esprit de sel, l'eau forte, le sel d'oseille, il faudra donner de l'eau contenant du blanc d'Espagne, de la craie ou de l'eau de savon.

S'il s'agit d'empoisonnement par des substances alcalines, lessive de soude, chaux, ammoniaque, il faudra après vomissement donner de l'eau vinaigrée, du jus de citron, du lait ou de l'huile d'olive.

S'agit-il d'un empoisonnement par l'opium ou ses dérivés, faites vomir, donnez ensuite du café très fort en grande quantité, frictionnez énergiquement.

Quant aux empoisonnements alimentaires, champignons, moules, indigestions, faites vomir largement et vite. Vous compléterez le traitement par un purgatif.

Tous ces actes divers, secours et soins à donner sont bien entendus. Les préliminaires de l'action de la première heure doivent subir le contrôle des médecins ou pharmaciens, si la victime ou le malade présente les moindres symptômes de gravité qui pourraient se compliquer et compromettre la vie de la personne secourue. Les personnes qui donnent les premiers soins ne doivent pas toujours se fier à première vue au prétendu mieux que semble éprouver le malade, leur devoir n'est pas rempli si elles ne s'assurent pas des suites qui peuvent advenir de leur manque de prévoyance. C'est donc après s'être assurées que la victime est hors de tout danger qu'elles ont rempli la tâche humanitaire.

CHAPITRE XIII

APERÇU DU PRIX QUE COUTENT CERTAINS ENGINS DE SECOURS

Fr.

Poste sonnerie tout en fer avec son armature brute sans être peinte.. 85 »

Cloche du poids de 4 ᵏᵍ, 500 avec sa chaîne et son contre-poids .... 22 à 23 »

Peinture avec légende, inscription en lettres de 5 à 6 centimètres ombrées .... 15 à 16 »

Bouée en liège recouverte toile, de 55 centimètres de diamètre, garnie de flotteurs, avec 15 mètres de corde en chanvre.. 18 »

Croc en fer avec sa perche en bois de 5 à 6 mètres de longueur. 4,50

Boîte de secours en bois blanc, hauteur 50, largeur 30, longueur 53 centimètres, mesures extérieures; consolidée de cornières en feuillard aux quatre coins, poignée et fermeture à crochet en fer verni noir, double compartiment sur le couvercle pour mettre la couverture, cases dans l'intérieur pour les flacons de liquides; la boîte cirée et vernie sur bois, en jaune.................................. 18 »

Fourniture des liquides et objets pharmaceutiques pour garnir la boîte............................... 18 à 20 »

Fanion en tôle avec dentelure découpée, longueur 70 centimètres, hauteur 55 à 60, avec deux œillères pour passer dans la hampe qui doit être en fer creux, la hampe varie de hauteur de 1ᵐ,50 à 2 mètres................. 25 »

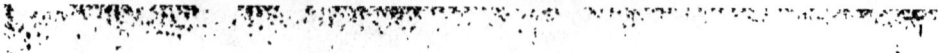

TABLE DES CHAPITRES

Sceaux. — Imprimerie Charaire.

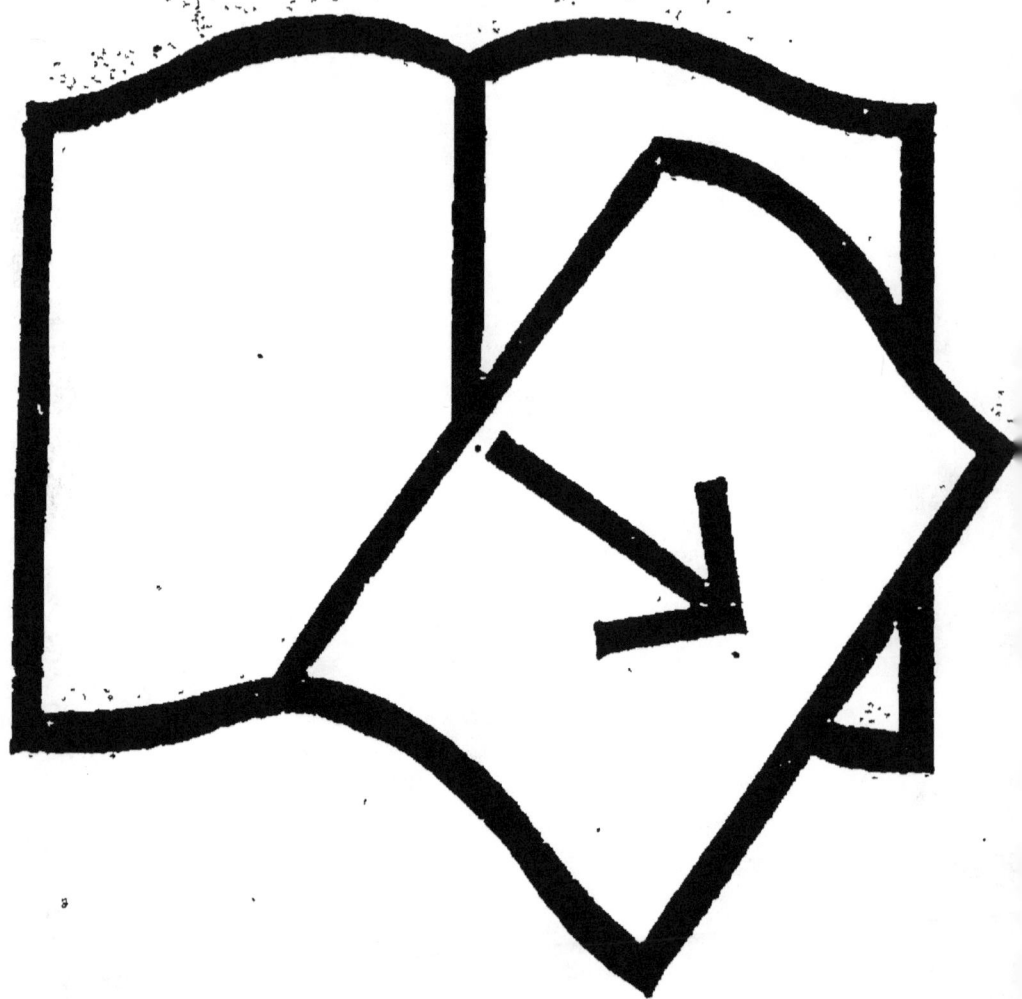

Documents manquants (pages, cahiers...)
NF Z 43-120-13

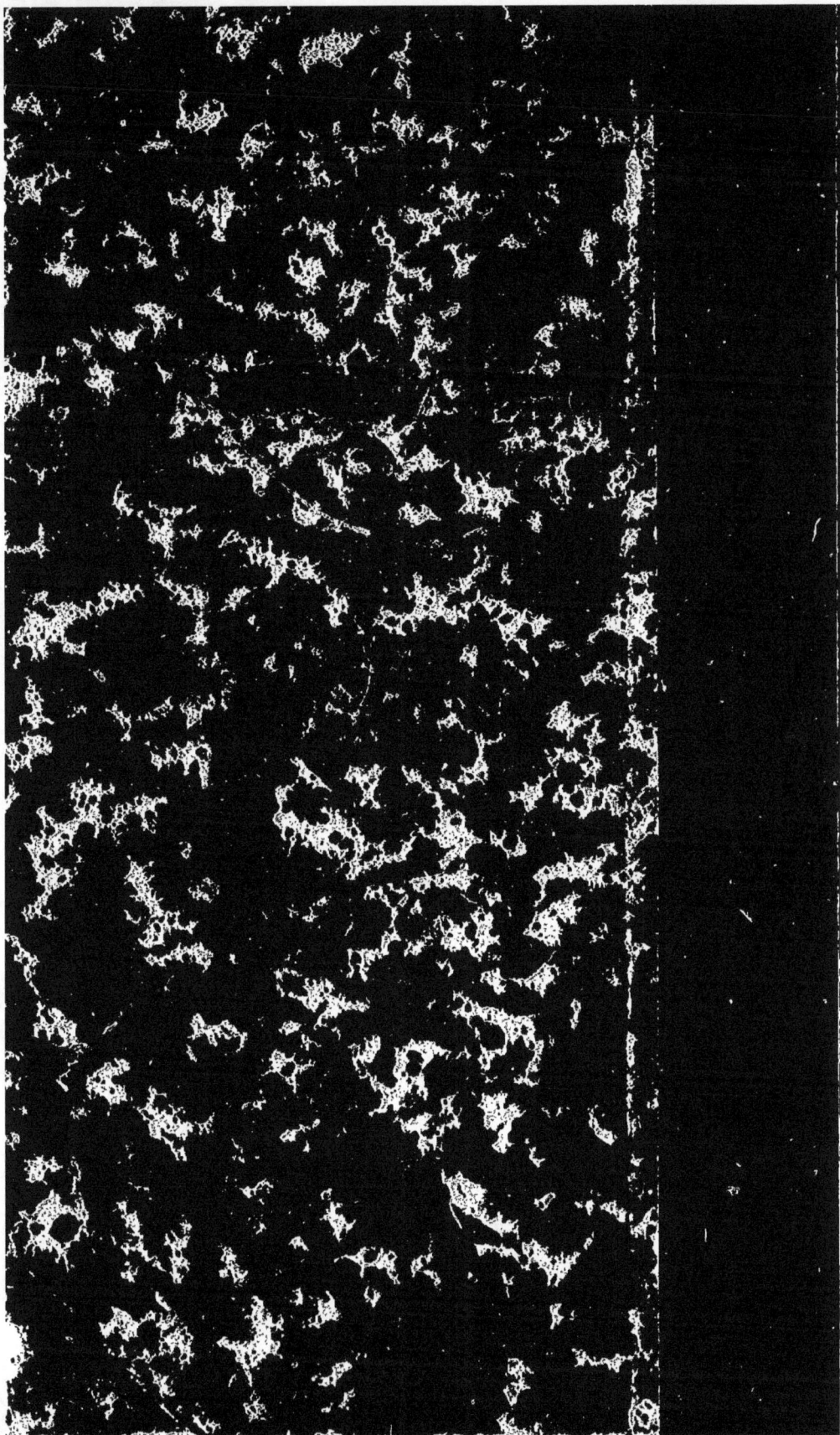

www.ingramcontent.com/pod-product-compliance
Lightning Source LLC
Chambersburg PA
CBHW071348280326
41927CB00039B/2340